JN042269

学ぶ人は、
変えて
ゆく人だ。

目の前にある問題はもちろん、

人生の問いや、社会の課題を自ら見つけ、

挑み続けるために、人は学ぶ。

「学び」で、少しずつ世界は変えてゆける。

いつでも、どこでも、誰でも、

学ぶことができる世の中へ。

旺文社

はじめに

もうすぐ試験本番―そんなときに一番大事な英検対策は，試験形式に慣れることです。『7日間完成 英検 予想問題ドリル』シリーズは，7日間で試験本番に向けて，直前の総仕上げができる問題集です。目安として1日1セットずつ学習することで，最新の試験形式に慣れることができ，合格への実力が養成されるように構成されています。本書には以下のような特長があります。

本番に限りなく近い予想問題！

過去問分析を基にした本番に近い予想問題を収録しています。
また，各回の最初に，単熟語，文法，問題攻略法などをまとめたページもあるので，効率よく重要事項を押さえることができます。

学習スタイルに合わせて音声が聞ける！

リスニングアプリ「英語の友」を使ってスマホでの音声再生が可能です。また，PCからの音声ファイルダウンロードにも対応しています。

スピーキングテストにも対応！

本書1冊でスピーキングテスト対策までカバーしています。

採点・見直しが簡単にできる！

各Dayの筆記試験・リスニングテストは採点・見直し学習アプリ「学びの友」対応。解答をオンラインマークシートに入力するだけで簡単に採点ができます。

本書を活用し，合格に向かってラストスパートをかけてください！ 皆さんの英検5級合格を心より願っています。最後に，本書を刊行するにあたり，多大なご尽力をいただきました本多美佐保先生に深く感謝の意を表します。

※本書の内容は，2024年2月時点の情報に基づいています。実際の試験とは異なる場合があります。受験の際は，英検ウェブサイトなどで最新情報をご確認ください。
※本書は旧版である4訂版の音声提供方法を変更したもので，内容は同じです。
※このコンテンツは，公益財団法人 日本英語検定協会の承認や推奨，その他の検討を受けたものではありません。

Contents

執筆：本多美佐保（埼玉県立狭山緑陽高等学校）　**編集協力**：日本アイアール株式会社，株式会社交学社

デザイン：相馬敬徳（Rafters）　**装丁イラスト**：根津あやぼ　**本文イラスト**：駿高泰子，有限会社アート・ワーク

録音：ユニバ合同会社　**ナレーション**：Greg Dale，Julia Yermakov，大武芙由美　**組版**：株式会社 明昌堂

本書の使い方

本書を以下のような流れに沿って使うことで，7日間で対策をすることができます。

> **❶試験について知る**
> 本冊p.5「英検5級の試験形式と攻略法」をよく読んで内容を把握しましょう。

↓

Day 1〜7に7日間取り組む

> **❷学習する**
> 冒頭の まとめ で合格に必要な知識を把握しましょう。
> ●付属の赤セルを使って，単語や表現を暗記しましょう。

→

> **❸問題を解く**
> 模試 に挑戦しましょう。
> ●制限時間内に解きましょう。
> ●付属のマークシートもしくは自動採点サービス(詳しくはp.4で)解答しましょう。

↓

> **❹答え合わせをする**
> 別冊の「解答と解説」で答え合わせをしましょう。
> ●どの技能も6割以上正解していれば，合格の可能性は高いでしょう。

音声について

本書の音声は，以下の2通りでご利用いただけます。

音声ファイルで再生

詳しくはp.4をご覧ください。収録箇所は001などで示しています。

アプリ「英語の友」（iOS/Android）で再生

❶「英語の友」公式サイトより，アプリをインストール
（右の二次元コードから読み込めます）

| 英語の友 | 検索 |

https://eigonotomo.com/

❷ライブラリより本書を選び，「追加」ボタンをタップ

※本アプリの機能の一部は有料ですが，本書の音声は無料でお聞きいただけます。アプリの詳しいご利用方法は「英語の友」公式サイト，あるいはアプリ内のヘルプをご参照ください。
※本サービスは予告なく終了することがあります。

Web特典について ※本サービスは予告なく終了することがあります。

アクセス方法

❶ 以下のURLにアクセス（右の二次元コードから読み込めます）

https://eiken.obunsha.co.jp/yosoudrill/

❷ 「5級」を選択し，以下の利用コードを入力

igatep ※すべて半角アルファベット小文字

特典内容

音声ファイルダウンロード

「音声データダウンロード」からファイルをダウンロードし，展開してからオーディオプレーヤーで再生してください。音声ファイルはzip形式にまとめられた形でダウンロードされます。展開後，デジタルオーディオプレーヤーなどで再生してください。

※音声の再生にはMP3を再生できる機器などが必要です。
※ご利用機器，音声再生ソフトなどに関する技術的なご質問は，ハードメーカーまたはソフトメーカーにお願いいたします。

スピーキングテスト対策

スピーキングテストの予想問題が体験できます。画面と音声の指示に従い，受験者になったつもりで音読したり，面接委員の質問に答えたりしましょう。問題は巻末に収録されている予想問題で，p.71の二次元コードを読み込むことでもアクセスできます。

自動採点サービスについて

本書収録の筆記試験・リスニングテストを，採点・見直し学習アプリ「学びの友」で簡単に自動採点することができます。

☐ 便利な自動採点機能で学習結果がすぐにわかる
☐ 学習履歴から間違えた問題を抽出して解き直しができる
☐ 学習記録カレンダーで自分のがんばりを可視化

❶ 「学びの友」公式サイトへアクセス（右の二次元コードから読み込めます）

https://manatomo.obunsha.co.jp 　学びの友　検索

❷ アプリを起動後，「旺文社まなびID」に会員登録（無料）
❸ アプリ内のライブラリより本書を選び，「追加」ボタンをタップ

※iOS／Android端末，Webブラウザよりご利用いただけます。アプリの動作環境については「学びの友」公式サイトをご参照ください。なお，本アプリは無料でご利用いただけます。
※詳しいご利用方法は「学びの友」公式サイト，あるいはアプリ内ヘルプをご参照ください。
※本サービスは予告なく終了することがあります。

英検5級の試験形式と攻略法

筆記試験（25分）

1 短文の語句空所補充　　目標時間10分　｜　15問

短文または会話文中の（　）に適する語句を，4つの選択肢から1つ選ぶ問題です。主な出題パターンは，単語（名詞，動詞，形容詞，副詞），熟語，文法です。傾向としては，単語が7問，熟語が5問，文法が3問出題されることが多いです。

(6) **A:** What is your favorite color?
　　　 B: It's (　　　　).
　　　 1 hotel　　　　**2** music　　　　**3** green　　　　**4** notebook

攻略法　5級では，同じことばや表現が，筆記でもリスニングでも取り上げられます。新しいことばを学ぶときには意味だけでなく，音とつづりも合わせて確認するようにしましょう。また，複数形になっていたり，主語に合わせて動詞にsやesがついていたりすることも多いので，それぞれの語の変化の仕方も覚えておくとよいでしょう。

2 会話文の文空所補充　　目標時間7分　｜　5問

会話文の（　）に適する文や語句を，4つの選択肢から1つ選ぶ問題です。日常会話でよく使われる表現などが出題されます。

(18) 　　　**Boy:** Excuse me. I like this T-shirt. (　　　　)
　　　Woman: It's ten dollars.
　　　1 Is this your pen?　　　　　**2** Who is that?
　　　3 How much is it?　　　　　**4** How are you?

攻略法　会話文の中の（　）に入る文を選ぶときには，前後の文の内容がとても重要です。その内容から，（　）に入るのが疑問文なのか，疑問文に対する応答なのか，などがわかるからです。また，Thank you. と You're welcome. のように，基本となる組み合わせは，場面ごとにセットにして覚えておくとよいでしょう。

日本文の意味が表すように①〜④の語句を並べかえて英文を完成させます。1番目と3番目にくる組み合わせの番号を4つの選択肢から選びます。

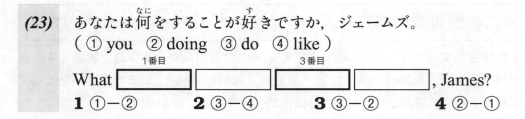

(23) あなたは何をすることが好きですか，ジェームズ。
（ ① you ② doing ③ do ④ like ）

What ☐〔1番目〕 ☐ ☐〔3番目〕 ☐ , James?

1 ①－② **2** ③－④ **3** ③－② **4** ②－①

攻略法 英語では語順はとても大事です。同じことばでも，並べる順序を変えると意味が変わるからです。まず，基本となる文の組み立て方〔主語＋動詞＋…〕をきちんと押さえておきましょう。それから，疑問文，否定文，What や How などで始まる疑問文，命令文などの作り方をていねいに練習しておきしょう。

リスニングテスト（約**20分**）

イラストを参考にしながら会話を聞き，最後の発話に対する応答として最もふさわしいものを3つの選択肢から1つ選ぶ問題です。問題冊子にはイラストだけが印刷されています。会話・選択肢とも放送回数は2回です。

問題冊子 放送文

No. 2

How is the weather in Tokyo?
1 In the morning.
2 Yes, you are.
3 It's snowing.

攻略法 文の最初の部分に集中して聞くようにしましょう。疑問文の場合，Yes / No を答えるのか，具体的な場所や物などを答えるのかが最初のことばでわかります。Don't（禁止）や Let's（誘い）で始まる場合の応答も確認しましょう。また，お礼を言われたとき，ほめられたときなど，いろいろな場面での表現も覚えておくとよいでしょう。

会話とその内容に関する質問を聞いて，質問の答えとして適切なものを問題冊子に印刷された4つの選択肢から1つ選ぶ問題です。会話と質問は2回放送されます。

問題冊子

放送文

No. 12
1　It's Maria's.
2　It's Tom's.
3　It's Tom's brother's.
4　It's Maria's brother's.

☆：Hi, Tom. That's a nice jacket.
★：Thank you, Maria. It's my brother's.
Question：Whose jacket is it?

攻略法　会話の後に聞こえてくるQuestionをよく聞き，2度目の会話では答えとなる部分に集中して聞きましょう。聞き取りにくいことばは，選択肢がヒントになることがよくあります。また，人の名前や，会話の中でのmyやyourが，それぞれだれのことなのかも意識しながら聞くようにしましょう。

イラストを見ながら3つの英文を聞き，その中からイラストの動作や状況を正しく表している内容を3つの選択肢から1つ選ぶ問題です。英文は2回放送されます。

問題冊子

放送文

No. 20

1　A picture is on the wall.
2　A picture is under the table.
3　A picture is on the bed.

攻略法　イラストに合う英文を選ぶ問題です。放送される3つの英文はとても似ています。違う部分に注意して聞きましょう。数字，日付，天気，位置などはとてもよく出題されます。普段から声に出して発音しながら覚えるようにしましょう。また，絵の中の人物がしていることは現在進行形〔be動詞＋〜ing〕で表します。形と音に慣れておきましょう。

スピーキングテスト（約3分）

スピーキングテストについては，p.71の『5級のスピーキングテストはどんなテスト？』にて内容を確認しましょう。

よく出る単語をマスターしよう！

5級は，身のまわりのものの名前や，簡単な動作を
表す語など，基本的な単語がよく出題されます。
よく出てくる単語をきちんと覚えておくことが，
合格への近道となるでしょう。

☑ よく出る単語をチェック

1 ものの名前（名詞）

①家族

☐ family	家族	☐ grandfather	祖父
☐ mother	お母さん	☐ daughter	娘
☐ father	お父さん	☐ son	息子
☐ sister	姉［妹］	☐ aunt	おば
☐ brother	兄［弟］	☐ uncle	おじ
☐ grandmother	祖母	☐ cousin	いとこ

②学校生活

☐ school	学校	☐ math	数学，算数
☐ friend	友だち	☐ music	音楽
☐ teacher	先生	☐ club	クラブ，部
☐ class	授業，学級	☐ homework	宿題
☐ classroom	教室	☐ textbook	教科書

③身のまわりのもの

☐ cup	カップ	☐ wall	壁
☐ table	テーブル，食卓	☐ window	窓
☐ desk	机	☐ door	ドア
☐ chair	いす	☐ floor	床
☐ sofa	ソファー	☐ kitchen	台所
☐ clock	時計	☐ bedroom	寝室

☐ park	公園	☐ station	駅
☐ library	図書館	☐ hospital	病院
☐ zoo	動物園	☐ restaurant	レストラン
☐ bank	銀行	☐ train	電車
☐ post office	郵便局	☐ bike / bicycle	自転車

⑤スポーツ・職業

☐ sport	スポーツ	☐ doctor	医師
☐ tennis	テニス	☐ nurse	看護師
☐ baseball	野球	☐ pilot	パイロット

2 動作などを表すことば（動詞）

☐ have	持っている	☐ look	見る
☐ like	好む	☐ listen	聞く
☐ go	行く	☐ sing	歌う
☐ play	遊ぶ,（競技などを）する	☐ speak	話す
☐ help	助ける, 手伝う	☐ run	走る
☐ write	書く	☐ swim	泳ぐ
☐ read	読む	☐ cook	料理する
☐ study	勉強する	☐ eat	食べる

3 名詞を修飾することば（形容詞）

☐ new	新しい ⇔ old 古い
☐ long	長い ⇔ short 短い
☐ tall	背が高い ⇔ short 背が低い
☐ big / large	大きい ⇔ small 小さい
☐ happy	幸せな ⇔ sad 悲しい
☐ hot	熱い, 暑い ⇔ cold 冷たい, 寒い

Day 1
Day 2
Day 3
Day 4
Day 5
Day 6
Day 7

筆記試験

試験時間 筆記25分

1

次の *(1)* から *(15)* までの (　　　) に入れるのに最も適切なものを **1**, **2**, **3**, **4** の中から一つ選び, その番号のマーク欄をぬりつぶしなさい。

---

(1) Hurry up! The movie (　　　) at 3:00.

   1 cries   **2** starts   **3** has   **4** makes

(2) *A:* It's a (　　　) day.

   B: Yes, it is.

   1 large   **2** sunny   **3** tall   **4** low

(3) *A:* Can you speak (　　　)?

   B: Yes, a little.

   1 English   **2** apples   **3** letters   **4** Wednesday

(4) My brothers are (　　　) badminton in the park.

   1 listening   **2** putting   **3** playing   **4** eating

(5) *A:* Do you have any pets?

   B: Yes, I have a (　　　).

   1 violin   **2** bike   **3** class   **4** dog

(6) *A:* What is your favorite color?

   B: It's (　　　).

   1 hotel   **2** music   **3** green   **4** notebook

(7) *A:* Who's that man?

   B: He's my (　　　).

   1 mother   **2** uncle   **3** sister   **4** aunt

(8) That supermarket is open (   ) 8 a.m. to 7 p.m.
     1 with   **2** for   **3** under   **4** from

(9) Don't be (   ) for the meeting, Mike.
     1 young   **2** kind   **3** late   **4** small

(10) I sometimes (   ) with my friend on the phone.
     1 know   **2** stop   **3** believe   **4** talk

(11) I usually go to school (   ) foot.
     1 in   **2** with   **3** on   **4** at

(12) Look at that tower (   ) there.
     1 over   **2** with   **3** for   **4** off

(13) Hanako is a student. (   ) studies science.
     1 She   **2** They   **3** It   **4** That

(14) *A:* (   ) are you from?
     B: I'm from Japan.
     1 How   **2** Where   **3** Who   **4** When

(15) *A:* Whose books are those?
     B: They are (   ).
     1 I   **2** my   **3** me   **4** mine

Day 1
Day 2
Day 3
Day 4
Day 5
Day 6
Day 7

2

次の (16) から (20) までの会話について，（　　　）に入れるのに最も適切なものを **1**，**2**，**3**，**4** の中から一つ選び，その番号のマーク欄をぬりつぶしなさい。

(16) **Woman:** When is your birthday?
　　　Man: (　　　)
1 Every day.　　　　　　**2** Next week.
3 It's brown.　　　　　　**4** I'm happy.

(17) **Girl:** Does your grandmother sing well?
　　Boy: (　　　)
1 Yes, I'm Japanese.　　　**2** No, he doesn't.
3 Yes, she does.　　　　　**4** No, you can't.

(18) 　　**Boy:** Excuse me.　I like this T-shirt. (　　　)
Woman: It's ten dollars.
1 Is this your pen?　　　　**2** Who is that?
3 How much is it?　　　　**4** How are you?

(19) **Mother:** Do you want orange juice or milk?
　　　Girl: (　　　)
1 Milk, please.　　　　　**2** It's a cake.
3 In the kitchen.　　　　**4** Good morning.

(20) **Girl:** What do you do on Saturdays?
　　Boy: (　　　)
1 That's OK.　　　　　　**2** Yes, I can.
3 I clean my room.　　　**4** I'm coming.

3

次の (21) から (25) までの日本文の意味を表すように①から④までを並べかえて □ の中に入れなさい。そして，１番目と３番目にくるものの最も適切な組合せを **1**，**2**，**3**，**4** の中から一つ選び，その番号のマーク欄をぬりつぶしなさい。※ただし，（　　　　）の中では，文のはじめにくる語も小文字になっています。

---

(21) ここで花の写真を撮りましょう。
(① a picture　② let's　③ of　④ take)

1番目		3番目	
□	□	□	□	the flowers here.

1 ④－②　　　**2** ③－④　　　**3** ①－③　　　**4** ②－①

(22) ここに座ってもいいですか。
(① here　② I　③ sit　④ can)

1番目		3番目	
□	□	□	□	?

1 ④－①　　　**2** ④－③　　　**3** ①－③　　　**4** ②－①

(23) あなたは何をすることが好きですか，ジェームズ。
(① you　② doing　③ do　④ like)

What | 1番目 | | 3番目 | |
|---|---|---|---|
| □ | □ | □ | □ | , James?

1 ①－②　　　**2** ③－④　　　**3** ③－②　　　**4** ②－①

(24) プレゼントをありがとう，お父さん。
(① thank　② the　③ you　④ for)

1番目		3番目	
□	□	□	□	present, Dad.

1 ①－④　　　**2** ③－④　　　**3** ②－①　　　**4** ②－③

(25) 田中さんは昼食後にコンピューターを使います。
(① uses　② Mr. Tanaka　③ computer　④ his)

1番目		3番目	
□	□	□	□	after lunch.

1 ④－①　　　**2** ①－②　　　**3** ②－④　　　**4** ③－①

数字の読み方をマスターしよう!

5級では，筆記試験でもリスニングでも，時間や日付，
ものの数など数字に関する問題がたいへんよく出題されます。
つづりや読み方，使い方を覚えておくことが必要です。

ここでしっかりおさえておきましょう。

☑ 数字に関するルール

1 数の読み方，つづり方

特に，11から20の数字は発音とアクセントに気をつけて言う練習をしましょう。また，12と20，15と50などはとても間違えやすいので，気をつけましょう。

1 one	2 two	3 three	4 four	5 five ...
11 eleven	12 twelve	13 thirteen	14 fourteen	15 fifteen ...
20 twenty	21 twenty-one ...	30 thirty ...	40 forty ...	50 fifty ...
100 one hundred	101 one hundred and one ...		200 two hundred ...	

例 **How many** tickets do you want? — I want **two** (tickets).
　　(何枚のチケットがほしいですか)　　　(2枚ほしいです)

2 時刻

「〜時…分」という時刻は，数字を2つ並べて言います。たとえば，「11時20分（11:20）」は eleven twenty となります。「〜時ちょうど（〜:00）」は 〜 o'clock と言うこともできます。

例 **What time** is it (now)? — It's[It is] seven (o'clock).
　　(今，何時ですか)　　　(7時です)

・「〜時（…分）に」は〔at + 時刻〕で表します。

例 **What time** do you get up every day? — I get up **at** seven thirty.
　　(毎日，何時に起きますか)　　　　(7時30分に起きます)

3 曜日・月・日付

①曜日

Monday	Tuesday	Wednesday	Thursday	Friday	Saturday	Sunday
月曜日	火曜日	水曜日	木曜日	金曜日	土曜日	日曜日

例 **What day** of the week is it today? ― It's[It is] Friday.
（今日は何曜日ですか）　　　　　　　　（金曜日です）

・「〜曜日に」は〔on ＋ 曜日〕で表します。

例 **When** do you have the event? ― We have it **on** Sunday.
（そのイベントはいつありますか）　　（日曜日にあります）

・また，Monday**s** のように複数形にすると「毎週月曜日（＝ every Monday）」を表します。

②月

1月〜12月まですらすら言えたら，12月から反対に言う練習もしてみましょう。

January 1月	February 2月	March 3月	April 4月	May 5月	June 6月
July 7月	August 8月	September 9月	October 10月	November 11月	December 12月

例 October is **the ten**th **month of the year**.
（10月は1年の中で10番目の月です）

・「〜月に」は〔**in** ＋ 月の名前〕で表します。

例 **When** do you visit your grandmother? ― We visit her **in** January and August.
（いつおばあさんに会いに行くのですか）　　（1月と8月に会いに行きます）

③日付

日は「〜番目（の日）」のように表し，「〜月…日」は〔月の名前 ＋ 日〕の順番に言うのが基本です。月の名前を言わずに，日だけを言う場合は〔the ＋ 日〕の形になります。

first 1日	**second** 2日	**third** 3日	four**th** 4日	fif**th** 5日	eigh**th** 8日	nin**th** 9日	ten**th** 10日
eleven**th** 11日	twelf**th** 12日	thirteen**th**... 13日		twentie**th** 20日		twenty-**first**... 21日	

例 **What's**[What is] **the date** today? ― **It's** September twenty-third.
（今日は何日ですか）　　　　　　　　（9月23日です）

・「〜日に」は〔**on** ＋ 日〕で表します。

例 **When** do you have the test? ― We have it **on** the twelfth.
（テストはいつありますか）　　　　（12日にあります）

Day 1
Day 2
Day 3
Day 4
Day 5
Day 6
Day 7

リスニングテスト

試験時間 リスニング約20分

Listening Test

5級リスニングテストについて

❶このテストは，第1部から第3部まであります。

英文は二度放送されます。

第1部	イラストを参考にしながら英文と応答を聞き，最も適切な応答を**1**, **2**, **3**の中から一つ選びなさい。
第2部	対話と質問を聞き，その答えとして最も適切なものを**1**, **2**, **3**, **4**の中から一つ選びなさい。
第3部	三つの英文を聞き，その中から絵の内容を最もよく表しているものを一つ選びなさい。

❷No. 25のあと，10秒すると試験終了の合図がありますので，筆記用具を置いてください。

第1部 ◀))001〜011

No. 1

No. 2

No. 3

No. 4

No. 5

No. 6

No. 7

No. 8

Day 1
Day 2
Day 3
Day 4
Day 5
Day 6
Day 7

No. 9

No. 10

No. 11   **1** Math.
　　　　　2 Science.
　　　　　3 Music.
　　　　　4 History.

No. 12   **1** It's Maria's.
　　　　　2 It's Tom's.
　　　　　3 It's Tom's brother's.
　　　　　4 It's Maria's brother's.

No. 13   **1** On Mondays.
　　　　　2 On Thursdays.
　　　　　3 On weekends.
　　　　　4 Every day.

No. 14   **1** About 15 meters long.
　　　　　2 About 50 meters long.
　　　　　3 About 100 meters long.
　　　　　4 About 150 meters long.

No. 15   **1** Brian's father.
　　　　　2 Brian's uncle.
　　　　　3 Yuko's father.
　　　　　4 Yuko's uncle.

Day 1
Day 2
Day 3
Day 4
Day 5
Day 6
Day 7

No. 16

No. 17

No. 18

No. 19

No. 20

No. 21

No. 22

No. 23

No. 24

No. 25

Day 1
Day 2
Day 3
Day 4
Day 5
Day 6
Day 7

よく出る会話表現をマスターしよう!

5級では，筆記試験でもリスニングでも，
日常生活で使われる会話表現がよく取り上げられます。
基本的な表現とそれに対する答え方を，
セットにして覚えておきましょう。

☑ よく出る会話表現

1 初対面のあいさつ

・Hi[Hello], Ken. Glad[Happy] to meet you. （こんにちは，ケン。会えてうれしいです）
・My name is Yuki. （私の名前はユキです）
お互いの名前がわかってから，Nice to meet you. （はじめまして）と言うのが一般的です。
・Nice to meet you, Mr. Brown. （お会いできてうれしいです，ブラウンさん）
　応答 Nice to meet you, too. （こちらこそ）
なお，相手に初対面の人を紹介するときには，This is ～. （こちらは～です）と言います。

2 ふだんのあいさつ

・How are you? / How are you doing? （お元気ですか／調子はいかがですか）
　応答 (I'm) Fine, thank you[thanks]. （元気です，ありがとう）
　　　相手に聞き返すときは How are you? と繰り返すか，How about you? / (And)
　　　You? （あなたはどうですか）と聞きます。
別れるときのあいさつもいろいろあります。
・Good-by(e)[Bye]. （さようなら）/ See you (later). （またね）
・次に会うときが決まっているとき　See you tomorrow. （また明日）や See you next
Monday. （また次の月曜日に）など。
・週末が近いとき　Have a nice[good] weekend. （よい週末を）
　応答 You, too. （あなたも）

3 ものをすすめたり，人を誘ったりする表現

・Do you want some tea? （紅茶はいかがですか）
　応答 Yes, please. （はい，お願いします）
　　　No, thank you. （いいえ，けっこうです）
・Do you want coffee or tea? （コーヒーと紅茶，どちらがほしいですか）
　応答 Coffee[Tea], please. （コーヒー[紅茶]をお願いします）

次に，相手を誘うときの表現です。
- Let's play tennis. (テニスをしましょう)
- Can you ～? (～できませんか) / Do you want to ～? (～したいですか)

  応答 Yes, let's. / All right. / OK. / Sure. (いいですよ)
  (That's a) Good idea. (いい考えですね) など。
  断るときは，I'm sorry (I can't). (ごめんなさい (できません)) の後に I'm busy. (忙しいので) などの理由を添えます。

4 感謝やおわびの表現

- Thank you. / Thanks. / Thank you very much. (ありがとうございます)
- 何についてのお礼なのかを具体的に述べるときは，Thank you for ～ (～をありがとう) と言います。

  応答 You're[You are] welcome. / No problem. (どういたしまして) など。

次に，あやまるときの表現です。
- I'm (very[really]) sorry. (ごめんなさい)

  応答 That's OK. / No problem. (いいですよ／大丈夫です) など。

5 命令したり，頼むときの表現

- (Please) Open the window. (窓を開けてください)

主語 (～は[が]) を置かずに動詞の原形から始めると命令「～しなさい」になります。文のはじめか終わりに please をつけると，ていねいに頼む表現になります。「～しないでください」は Don't を動詞の前につけます。

  応答 OK. / All right. / Sure. (わかりました／いいですよ) など。
  断るときは，(I'm) Sorry. (ごめんなさい) などの後に理由を添えます。

6 ほめる表現

- You speak good English. / Your English is good. / You speak English well. (英語が上手ですね)
- You are a good cook. (料理が上手ですね)

  応答 Thank you. (ありがとうございます) と答えるのが自然です。

7 その他の表現

- That's right. / You are right. (その通りです)
- Me, too. (私もです)
- I see. (わかりました／なるほど)
- I think so, too. (私もそう思います) 相手に同意する表現

Day 1
Day 2
Day 3
Day 4
Day 5
Day 6
Day 7

筆記試験

試験時間 **筆記25分**

1　次の *(1)* から *(15)* までの (　　　) に入れるのに最も適切なものを **1**，**2**，**3**，**4** の中から一つ選び，その番号のマーク欄をぬりつぶしなさい。

---

(1) **A:** Are you a doctor?
　　　B: No. I (　　　) at a bank.
　　　1 need　　　　**2** know　　　　**3** think　　　　**4** work

(2) It's very hot. Please open the (　　　).
　　　1 food　　　　**2** eraser　　　　**3** book　　　　**4** window

(3) **A:** Wow, your cat is big.
　　　B: Yes. He's ten (　　　).
　　　1 carrots　　　**2** people　　　**3** kilograms　　**4** balls

(4) **A:** Let's play baseball this afternoon.
　　　B: Sorry. I'm (　　　).
　　　1 cute　　　　**2** short　　　　**3** busy　　　　**4** fast

(5) **A:** Can you (　　　) the door?
　　　B: Sure.
　　　1 smile　　　　**2** close　　　　**3** wait　　　　**4** begin

(6) (　　　) is the fourth month of the year.
　　　1 March　　　　**2** April　　　　**3** May　　　　**4** June

(7) My father sometimes (　　　) spaghetti. It's very delicious.
　　　1 cooks　　　**2** jumps　　　**3** studies　　　**4** washes

(8) The students are listening (　　　) music now.
　　　1 in　　　　**2** from　　　　**3** at　　　　**4** to

(9) My sister goes to the swimming pool (　　　) Sunday.

    1 good   **2** every   **3** fine   **4** little

(10) I (　　　) up at seven and have breakfast at eight.

    1 write   **2** do   **3** get   **4** look

(11) *A:* I want some coffee. How (　　　) you?

    B: Me, too.

    1 about   **2** old   **3** easy   **4** many

(12) *A:* Is Ms. Jones a teacher?

    B: That's (　　　).

    1 near   **2** soft   **3** great   **4** right

(13) That backpack isn't (　　　). It's Kate's.

    1 her   **2** yours   **3** you   **4** me

(14) *A:* (　　　) old are you?

    B: I'm fourteen.

    1 How   **2** Which   **3** Whose   **4** When

(15) Mrs. Clark is in the garden. (　　　) is looking at the flowers.

    1 She   **2** He   **3** They   **4** It

Day 1
Day 2
Day 3
Day 4
Day 5
Day 6
Day 7

2

次の (16) から (20) までの会話について，（　　　　）に入れるのに最も適切なものを **1**，**2**，**3**，**4** の中から一つ選び，その番号のマーク欄をぬりつぶしなさい。

(16) **Mother:** Bob, clean your shoes.
　　　Boy: （　　　　）
1 No, I'm not. 　　　　　**2** That's all.
3 I'm here. 　　　　　　**4** OK, Mom.

(17) **Woman:** What color is your car?
Man: （　　　）
1 In Tokyo. 　　　　　　**2** Yes, I have a car.
3 It's white. 　　　　　　**4** No, it isn't mine.

(18) **Girl1:** Hello, Anna. （　　　　）
Girl2: Hi, Susan. I'm fine.
1 How are you doing? 　　　**2** It's pink.
3 When does she come? 　　**4** Good evening.

(19) **Girl:** Who is that boy by the tree?
Boy: （　　　　）
1 It's six o'clock. 　　　　**2** This is hers.
3 I don't know. 　　　　　**4** That's good.

(20) **Girl:** Do you drink green tea, Robert?
Boy: （　　　　）
1 Me, too. 　　　　　　　**2** No, you don't.
3 No, I don't. 　　　　　**4** Yes, you can.

3

次の *(21)* から *(25)* までの日本文の意味を表すように①から④までを並べかえて ☐ の中に入れなさい。そして，１番目と３番目にくるものの最も適切な組合せを **1**，**2**，**3**，**4** の中から一つ選び，その番号のマーク欄をぬりつぶしなさい。ただし，（　　　）の中では，文のはじめにくる語も小文字になっています。

---

(21) あなたの辞書は机の上にあります。
（ ① the desk　② on　③ is　④ dictionary ）

Your ☐〔1番目〕 ☐ ☐〔3番目〕 ☐ .

1 ①—②　　**2** ②—④　　**3** ④—②　　**4** ③—①

(22) ジム，あれが私たちの学校です。
（ ① school　② is　③ that　④ our ）

Jim, ☐〔1番目〕 ☐ ☐〔3番目〕 ☐ .

1 ③—①　　**2** ③—④　　**3** ④—①　　**4** ④—②

(23) メアリーは弟にトマトスープを作っています。
（ ① for　② making　③ is　④ tomato soup ）

Mary ☐〔1番目〕 ☐ ☐〔3番目〕 ☐ her brother.

1 ③—①　　**2** ①—④　　**3** ③—④　　**4** ④—②

(24) あなたはどこで昼食を食べるのですか。
（ ① eat　② where　③ you　④ do ）

☐〔1番目〕 ☐ ☐〔3番目〕 ☐ lunch?

1 ③—④　　**2** ④—②　　**3** ①—④　　**4** ②—③

(25) あなたはいつもエリックとキャンプをしに行きますか。
（ ① go　② with　③ camping　④ Eric ）

Do you always ☐〔1番目〕 ☐ ☐〔3番目〕 ☐ ?

1 ③—②　　**2** ①—④　　**3** ①—②　　**4** ④—③

よく出る定型表現をマスターしよう！

5級でよく取り上げられる表現の中には、
違う言い方なのにほぼ同じ意味だったり、似て聞こえるのに
全然違う内容だったりするものがいくつもあります。
特に、リスニングではとっさの判断が求められます。
ここでまとめて確認しておきましょう。

☑ よく出る定型表現

1 ほぼ同じ意味を表す表現

* 「砂糖を取ってもらえませんか」 「わかりました」 ＋ 「はい、どうぞ」

Pass me the sugar, please. } { — Sure. { Here you are.
Can I have the sugar? } { — OK. { Here it is.

* 「あなたのペンを使ってもいいですか」

Can I use your pen? }
May I use your pen? }

* 「お兄さんのお仕事は何ですか」 「彼は看護師です」／「彼は病院で働いています」

What is your brother's job? } { — He is a nurse.
What does your brother do? } { — He works at [in] a hospital.

* 「紅茶とコーヒーのどちらが好きですか」

Do you like tea or coffee? }
Which do you like, tea or coffee? }

* 「ブラウン先生はカナダ出身です」

Mr. Brown is from Canada. }
Mr. Brown comes from Canada. }

* 「朝食に何を食べますか」

What do you eat for breakfast? }
What do you have for breakfast? }

2 Howで始まる疑問文 【似て見えますが,内容はいろいろ】

① How単独の場合

〔How + be動詞〕「どのような」

・How are you?（調子はどうですか？）— I'm fine[good].（元気です）

・How is the weather?（天気はどうですか？）— It's windy.（風が強いです）

〔How + 一般動詞〕「どのように[どうやって]」

・How do you go[get] to school?（どうやって学校に行きますか）—By bus.（バスで）

② 〔How + 形容詞[副詞]〕「どのくらい〜」

・How old is your dog?（あなたの犬は何歳ですか）— He is one (year old).（1歳です）

・How much is this CD?（このCDはいくらですか）— It's 10 dollars.（10ドルです）

・How many cousins do you have?（いとこは何人いますか）— I have five.（5人います）

・How tall are you?（身長はどのくらいですか）— I'm 162 centimeters (tall).（162センチメートルです）

・How long do you practice every day?（毎日どのくらいの時間, 練習しますか）
  — I practice for 2 hours.（2時間の間練習します）

3 同じことばを繰り返さない

・Which do you want, a big bag or a small one?
  （小さいもの：one ＝ bag）

・My birthday is August 5th. When is yours?
  （あなたのもの：yours ＝ your birthday）

・Do you use a computer? — No. But my brother does.
  （します：does ＝ uses a computer）

・I play soccer. How about you? — I do, too.
  （します：do ＝ play soccer）

・Do you like it? — Yes, very much.
  （とても：very much ＝ I like it very much）

Day 1
Day 2
Day 3
Day 4
Day 5
Day 6
Day 7

リスニングテスト

試験時間　リスニング約20分

Listening Test

5級リスニングテストについて

❶このテストは，第1部から第3部まであります。

英文は二度放送されます。

第1部	イラストを参考にしながら英文と応答を聞き，最も適切な応答を**1**，**2**，**3**の中から一つ選びなさい。
第2部	対話と質問を聞き，その答えとして最も適切なものを**1**，**2**，**3**，**4**の中から一つ選びなさい。
第3部	三つの英文を聞き，その中から絵の内容を最もよく表しているものを一つ選びなさい。

❷No. 25のあと，10秒すると試験終了の合図がありますので，筆記用具を置いてください。

第*1*部　🔊029〜039

No. 1

No. 2

No. 3

No. 4

No. 5

No. 6

No. 7

No. 8

Day 1

Day 2

Day 3

Day 4

Day 5

Day 6

Day 7

No. 9

No. 10

No. 11	**1** October 5th.
	2 October 14th.
	3 December 5th.
	4 December 14th.

No. 12	**1** At 7:03.
	2 At 7:13.
	3 At 7:30.
	4 At 7:33.

No. 13	**1** One.
	2 Two.
	3 Three.
	4 Four.

No. 14	**1** Red.
	2 Blue.
	3 Black.
	4 White.

No. 15	**1** Michael.
	2 Michael's brother.
	3 Sophia.
	4 Sophia's brother.

Day 1
Day 2
Day 3
Day 4
Day 5
Day 6
Day 7

No. 16

No. 17

No. 18

No. 19

No. 20

No. 21

No. 22

No. 23

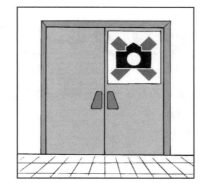

No. 24

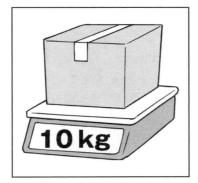

No. 25

リスニングテスト

Day 1
Day 2
Day 3
Day 4
Day 5
Day 6
Day 7

Day 5

文法をマスターしよう!

英語の文を作るときの基本的なルールを確認しましょう。
次のそれぞれのポイントは
きちんと理解できていますか?
わからないところは, このまとめを
ていねいに見直しておきましょう。

☑ 覚えておきたい9つのポイント

1 名詞の単数形と複数形

英語では, 数えられる名詞は, 単数（1つ）と複数（2つ以上）とで形が変わります。複数のときは, 基本的に単語の終わりにsをつけます。esをつける場合と, yをiに変えてesをつける場合のルールも思い出しておきましょう。単語によっては不規則な形になるものもあるので, それぞれの単語の複数形を確認しておきましょう。

規則変化：dog → dogs　tomato → tomatoes　dictionary → dictionaries
不規則変化：man → men　foot → feet　child → children

2 代名詞

	主格 （〜は[が]）	所有格 （〜の）	目的格 （〜を[に]）	所有代名詞（〜のもの）
単数	I	my	me	mine
	you	your	you	yours
	he / she / it	his / her / its	him / her / it	his / hers / —
複数	we	our	us	ours
	you	your	you	yours
	they	their	them	theirs

We know him. （私たちは 彼を知っています）

His brother is our friend. （彼の兄は 私たちの 友だちです）

She has them. （彼女は それらを 持っています）

It's mine. （それは 私のものです）

3 疑問文

be動詞（am / is / are）の疑問文はbe動詞を主語の前に出し, 一般動詞（be動詞以外の動詞）の疑問文は文のはじめにDoをつけます。語順に注意しましょう。

Is John a student? （ジョンは学生ですか） — Yes, he is. / No, he isn't.

Do you like English?（あなたは英語が好きですか）— Yes, I do. / No, I don't.

4 主語が3人称単数のときの動詞の形

主語が3人称（私・あなた以外の人）の単数（1人[1つ]）で，現在を表す文では，一般動詞の終わりにsまたはesがつきます。否定文ではdoes（doに esがついた形）に not[n't] をつけ，動詞にはs[es]をつけません。疑問文は，Doesを文の前につけ，動詞にはs[es] をつけません。

Tom likes cats.（トムは猫が好きです）
Does Tom like cats?（トムは猫が好きですか）— Yes, he does. / No, he doesn't.

5 命令文

「〜しなさい」という命令文は，動詞の原形で文を始めます。「〜してはいけない」という禁止は〔Don't ＋ 動詞の原形〕で表します。please をつけるとていねいになります。

Get up.（起きなさい）／ Please get up. / Get up, please.（起きてください）
Don't use it.（それを使ってはいけません）

6 いろいろな疑問詞

疑問詞には What（何），Which（どちらの），Who（だれが），Where（どこで），When（いつ），Whose（だれの），How（どのように）などがあります。

Who is that woman?（あの女性はだれですか）
How do you go to school every day?（あなたは毎日どうやって学校へ通いますか）

7 現在進行形

現在行われている動作は進行形〔be動詞（am / is / are）＋〜ing〕で表します。
I am reading a book.（私は本を読んでいます）

8 助動詞 can

「〜ができます」という文は，助動詞canで表します。否定文ではcan'tあるいはcannotとし，疑問文ではCanを主語の前に出します。

He can speak English very well.（彼は英語をとても上手に話すことができます）

9 いろいろな前置詞

前置詞にはat（〜に〈時間〉，〜で〈場所〉），on（〜の上に，〜にくっついて），in（〜の中に[で]），to（〜へ），after（〜の後に），before（〜の前に），with（〜といっしょに），from（〜から）などがあります。

This train runs from Tokyo to Sendai.（この電車は東京から仙台まで走ります）
I do my homework after dinner.（私は夕食後に宿題をします）

Day 1
Day 2
Day 3
Day 4
Day 5
Day 6
Day 7

筆記試験&リスニングテスト

試験時間 | 筆記25分 | リスニング約20分

1 次の(1)から(15)までの( )に入れるのに最も適切なものを1, 2, 3, 4の中から一つ選び, その番号のマーク欄をぬりつぶしなさい。

---

(1) It's very ( ) in Osaka this winter.

   1 big   **2** red   **3** wide   **4** cold

(2) My mother usually ( ) to the supermarket.

   1 walks   **2** begins   **3** stays   **4** dances

(3) *A:* What's your favorite ( )?

   B: I like hamburgers.

   1 food   **2** animal   **3** song   **4** coin

(4) *A:* Do you play basketball at the park?

   B: No, we don't. We use the ( ) at our school.

   1 hospital   **2** gym   **3** afternoon   **4** tooth

(5) *A:* What time does the bus ( )?

   B: At 8:15.

   1 cut   **2** help   **3** come   **4** paint

(6) *A:* Do you want some tea?

   B: No, thanks. Just ( ), please.

   1 water   **2** store   **3** door   **4** table

(7) My aunt has black hair. It's ( ).

   1 kind   **2** near   **3** cloudy   **4** beautiful

Day 1
Day 2
Day 3
Day 4
Day 5
Day 6
Day 7

(8) We are looking (   ) a restaurant because we are hungry.

1 under   **2** on   **3** out   **4** for

(9) *A:* How (   ) are you, Adam?
B: I'm about 168 centimeters.

1 late   **2** wonderful   **3** tall   **4** old

(10) Kota (   ) a shower after his soccer practice.

1 makes   **2** brushes   **3** takes   **4** writes

(11) *A:* Allen, do you like reading?
B: Yes, I have a (   ) of books.

1 lot   **2** cup   **3** glass   **4** diary

(12) Ben doesn't like milk, but his father always drinks it (   ) night.

1 to   **2** of   **3** at   **4** about

(13) *A:* Who are those children?
B: (   ) are my classmates.

1 We   **2** They   **3** You   **4** It

(14) *A:* (   ) car is yours, the white one or the blue one?
B: The blue one.

1 When   **2** How   **3** Which   **4** Whose

(15) *A:* (   ) Lisa a pianist?
B: Yes, she is.

1 Are   **2** Does   **3** Do   **4** Is

次の (16) から (20) までの会話について，（　　　）に入れるのに最も適切なものを **1**，**2**，**3**，**4** の中から一つ選び，その番号のマーク欄をぬりつぶしなさい。

---

(16) ***Father:*** （　　　）

    Girl: They're on the table, Dad.

1 Where are my glasses?   **2** When do you go?

3 What is that?   **4** How are you?

(17) ***Girl:*** This is a present for you.

    Boy: （　　　）

1 It's easy.   **2** Yes, let's.

3 Thank you very much.   **4** It's my homework.

(18) ***Boy1:*** Do you study French, Bill?

    Boy2: （　　　）

1 Yes, I do.   **2** It's mine.

3 Yes, you are.   **4** I'm OK.

(19) ***Father:*** Pass me the butter, please.

    Boy: （　　　）

1 I have one.   **2** It's Friday.

3 Yes, he can.   **4** Here you are.

(20) ***Mother:*** What do you want for lunch, Lucas?

    Boy: （　　　）

1 It's a notebook.   **2** It's not interesting.

3 You're fine.   **4** I want a sandwich.

3

次の *(21)* から *(25)* までの日本文の意味を表すように①から④までを並べかえて ☐ の中に入れなさい。そして，１番目と３番目にくるものの最も適切な組合せを **1**，**2**，**3**，**4** の中から一つ選び，その番号のマーク欄をぬりつぶしなさい。ただし，（　　　　）の中では，文のはじめにくる語も小文字になっています。

---

(21) この犬は5歳です。

（ ① years　② dog　③ is　④ five ）

This ☐（1番目）☐ ☐（3番目）☐ old.

1 ④—②　　　**2** ②—④　　　**3** ①—③　　　**4** ③—①

(22) 今日は何日ですか。

（ ① date　② the　③ today　④ what's ）

☐（1番目）☐ ☐（3番目）☐ ?

1 ④—①　　　**2** ④—③　　　**3** ①—③　　　**4** ③—②

(23) トム，朝食の時間ですよ。

（ ① breakfast　② it's　③ time　④ for ）

Tom, ☐（1番目）☐ ☐（3番目）☐ .

1 ①—③　　　**2** ②—④　　　**3** ④—①　　　**4** ③—②

(24) グレッグはテニスが上手ではありません。

（ ① player　② a good　③ isn't　④ tennis ）

Greg ☐（1番目）☐ ☐（3番目）☐ .

1 ①—③　　　**2** ③—④　　　**3** ②—①　　　**4** ④—②

(25) カーターは上手にドラムを演奏しますか。

（ ① play　② Carter　③ does　④ the drums ）

☐（1番目）☐ ☐（3番目）☐ well?

1 ③—①　　　**2** ①—④　　　**3** ②—③　　　**4** ④—②

Day 1　Day 2　Day 3　Day 4　Day 5　Day 6　Day 7

Listening Test

❶このテストは，第1部から第3部まであります。

> 英文は二度放送されます。

第1部	イラストを参考にしながら英文と応答を聞き，最も適切な応答を**1**，**2**，**3**の中から一つ選びなさい。
第2部	対話と質問を聞き，その答えとして最も適切なものを**1**，**2**，**3**，**4**の中から一つ選びなさい。
第3部	三つの英文を聞き，その中から絵の内容を最もよく表しているものを一つ選びなさい。

❷No. 25のあと，10秒すると試験終了の合図がありますので，筆記用具を置いてください。

第1部 🔊 057〜067

No. 1

No. 2

42

No. 3

No. 4

No. 5

No. 6

No. 7

No. 8

Day 1
Day 2
Day 3
Day 4
Day 5
Day 6
Day 7

No. 9

No. 10

No. 11
   1 For one hour.
   2 For two hours.
   3 For three hours.
   4 For four hours.

No. 12
   1 Baseball.
   2 Tennis.
   3 Soccer.
   4 Golf.

No. 13
   1 By train.
   2 By bus.
   3 On foot.
   4 By bike.

No. 14
   1 At home.
   2 At school.
   3 At Kate's house.
   4 At the park.

No. 15
   1 Before breakfast.
   2 Before dinner.
   3 After breakfast.
   4 After dinner.

筆記試験&リスニングテスト

Day 1
Day 2
Day 3
Day 4
Day 5
Day 6
Day 7

No. 16

No. 17

No. 18

No. 19

No. 20

No. 21

No. 22

No. 23

No. 24

No. 25

筆記試験＆リスニングテスト

Day 1
Day 2
Day 3
Day 4
Day 5
Day 6
Day 7

よく出る熟語をマスターしよう！

2つ以上のことばを合わせることで新たな意味になる
組み合わせのことを熟語と言います。
5級では基本的な熟語表現がよく出題されます。
セットにして覚えておきましょう。

☑ よく出る熟語をチェック

1 動詞として使う熟語

☐ **go to bed**	寝る，床につく【≠ sleep（眠る）】
☐ **get up**	起きる，体を起こす【≠ wake up（目覚める）】
☐ **listen to ～**	～を聞く【≠ hear（聞こえる）】
☐ **look at ～**	～を見る【≠ see（見える）】 ⇒ Look at ～「～を見てください」
☐ **look for ～**	～を探す
☐ **go ～ing**	～しに行く ⇒（go＋swimming / shopping / fishing / camping / skiing）など
☐ **stand up**	立ち上がる【stand（立っている）】
☐ **sit down**	腰を下ろす【sit（座っている）】
☐ **take a picture**	写真を撮る
☐ **take a bath**	風呂に入る，**take a shower** シャワーを浴びる
☐ **help ～ with ...**	～の…を手伝う
☐ **put on ～**	～を着る【≠ wear（着ている）】⇔ take off ～ ～を脱ぐ
☐ **get on ～**	～に乗る ⇔ get off ～ ～を降りる
☐ **get to ～**	～に着く【＝ arrive at ～】
☐ **come from ～**	～出身だ【≒ be from ～】

2 その他の熟語

☐ a cup of ～	カップ1杯の～
☐ a glass of ～	コップ1杯の～
☐ a lot of ～	たくさんの～
☐ a little	少し
☐ at school	学校で
☐ at home	家で
☐ in front of ～	～の前に
☐ over there	(指でさし示しながら) あそこに
☐ every day	毎日
☐ every morning	毎朝
☐ every Sunday	毎週日曜日【= on Sundays】
☐ at night	夜に
☐ in the morning[afternoon, evening]	朝[午後, 晩] に
☐ on foot	徒歩で
☐ by train[bike, car, plane]	電車[自転車, 車, 飛行機] で

3 会話でよく使われる熟語表現

☐ Thank you for ～.	～をありがとう。
☐ Welcome to ～.	～へようこそ。
☐ How about ～?	～はいかがですか。
☐ It's time for ～.	～の時間です。

Day 1
Day 2
Day 3
Day 4
Day 5
Day 6
Day 7

筆記試験＆リスニングテスト

| 試験時間 | 筆記25分 | リスニング約20分 |

1 次の (1) から (15) までの（　　　）に入れるのに最も適切なものを **1**，**2**，**3**，**4** の中から一つ選び，その番号のマーク欄をぬりつぶしなさい。

(1) Sam often goes to the (　　　). He loves planes.
1 mountain　　**2** sea　　　　　**3** airport　　**4** cafeteria

(2) *A:* Do you have a dog?
B: Yes. His (　　　) is Kuro.
1 name　　　**2** place　　　**3** art　　　　**4** box

(3) *A:* Wow, you run very (　　　).
B: Thanks. I like running.
1 down　　　**2** bad　　　　**3** fast　　　**4** first

(4) I often (　　　) my homework at the library.
1 sing　　　**2** do　　　　　**3** sit　　　　**4** walk

(5) *A:* How do you get to school, John?
B: I go by (　　　).
1 yellow　　**2** map　　　　**3** train　　　**4** telephone

(6) *A:* Is the cat in the living room, Mom?
B: No. She's (　　　) in your room.
1 flying　　　**2** playing　　**3** snowing　　**4** opening

(7) My bike is old. I need a (　　　) one.
1 young　　　**2** small　　　**3** new　　　**4** warm

(8) My uncle lives (　　　) Tokyo. He sometimes comes to my house.
1 at　　　　**2** from　　　**3** on　　　　**4** in

(9) *A:* What do you do on weekends?

     B: I usually (　　　) shopping.

     1 go   **2** have   **3** close   **4** take

(10) My grandfather often buys books (　　　) me.

     1 under   **2** of   **3** for   **4** into

(11) *A:* Please stand (　　　) and read the poem, Charles.

     B: Yes, Mr. Davis.

     1 down   **2** up   **3** well   **4** too

(12) Sakura drinks a (　　　) of milk in the morning.

     1 letter   **2** glass   **3** clock   **4** hat

(13) *A:* (　　　) day of the week is it today?

     B: It's Monday.

     1 Whose   **2** Where   **3** What   **4** How

(14) *A:* (　　　) Koji read the newspaper every morning?

     B: Yes, he does.

     1 Do   **2** Is   **3** Are   **4** Does

(15) *A:* Is Mrs. Johnson your teacher?

     B: Yes, (　　　) is.

     1 it   **2** they   **3** he   **4** she

Day 1
Day 2
Day 3
Day 4
Day 5
Day 6
Day 7

2

次の (16) から (20) までの会話について, ( ) に入れるのに最も適切なものを **1**, **2**, **3**, **4** の中から一つ選び, その番号のマーク欄をぬりつぶしなさい。

---

(16) **Teacher:** Who is playing the flute?

Boy: ( )

1 Taro is.

2 In the classroom.

3 It's delicious.

4 It's on Tuesday.

(17) **Boy:** Jane, this is my friend Michael.

Girl: ( )

1 It's an apple.

2 Can I help you?

3 Nice to meet you.

4 It's a cup.

(18) **Boy1:** When do you study, Jack?

Boy2: ( )

1 No, it's raining.

2 On the calendar.

3 Before dinner.

4 For two hours.

(19) **Girl:** I have a brother. ( )

Boy: I have two sisters.

1 That is his.

2 Is it good?

3 How about you?

4 I can do it.

(20) **Boy:** What do you have in your bag?

Girl: ( )

1 Yes, it is.

2 A camera and a lunchbox.

3 Good-bye.

4 I have two.

3

次の (21) から (25) までの日本文の意味を表すように①から④までを並べかえて □□□□ の中に入れなさい。そして，1番目と3番目にくるものの最も適切な組合せを**1**，**2**，**3**，**4**の中から一つ選び，その番号のマーク欄をぬりつぶしなさい。ただし，（　　　　）の中では，文のはじめにくる語も小文字になっています。

(21) 夕食の前に手を洗いましょう。
（ ① wash ② before ③ let's ④ our hands ）

□ (1番目) □ □ (3番目) □ □ dinner.

1 ③－②　　　**2** ①－④　　　**3** ①－②　　　**4** ③－④

(22) 私たちはあの男性を知りません。
（ ① know ② we ③ that ④ don't ）

□ (1番目) □ □ (3番目) □ □ man.

1 ②－①　　　**2** ②－④　　　**3** ②－③　　　**4** ④－①

(23) 私の父は寝室でギターの練習をしています。
（ ① practicing ② is ③ my father ④ the guitar ）

□ (1番目) □ □ (3番目) □ □ in the bedroom.

1 ②－①　　　**2** ③－④　　　**3** ③－①　　　**4** ③－②

(24) これはだれの英語の教科書ですか。
（ ① textbook ② is ③ English ④ whose ）

□ (1番目) □ □ (3番目) □ □ this?

1 ④－②　　　**2** ④－③　　　**3** ③－①　　　**4** ④－①

(25) この川で泳いではいけません。
（ ① this ② swim ③ in ④ don't ）

□ (1番目) □ □ (3番目) □ □ river.

1 ②－④　　　**2** ④－①　　　**3** ③－④　　　**4** ④－③

Day 1 Day 2 Day 3 Day 4 Day 5 Day 6 Day 7

Listening Test

5級リスニングテストについて

❶ このテストは，第1部から第3部まであります。

英文は二度放送されます。

第1部	イラストを参考にしながら英文と応答を聞き，最も適切な応答を **1**, **2**, **3** の中から一つ選びなさい。
第2部	対話と質問を聞き，その答えとして最も適切なものを **1**, **2**, **3**, **4** の中から一つ選びなさい。
第3部	三つの英文を聞き，その中から絵の内容を最もよく表しているものを一つ選びなさい。

❷ No. 25のあと，10秒すると試験終了の合図がありますので，筆記用具を置いてください。

第1部　◀)) 085〜095

No. 1

No. 2

54

No. 3

No. 4

No. 5

No. 6

No. 7

No. 8

Day 1
Day 2
Day 3
Day 4
Day 5
Day 6
Day 7

No. 9

No. 10

No. 11
1 Mike.
2 Susan.
3 Mike's uncle.
4 Susan's uncle.

No. 12
1 At 7:00.
2 At 8:00.
3 At 9:00.
4 At 10:00.

No. 13
1 Tennis.
2 Soccer.
3 Baseball.
4 Golf.

No. 14
1 Every Tuesday.
2 Every Wednesday.
3 Every Thursday.
4 Every day.

No. 15
1 On his bed.
2 In the kitchen.
3 At school.
4 Under the desk.

Day 1
Day 2
Day 3
Day 4
Day 5
Day 6
Day 7

No. 16

No. 17

No. 18

No. 19

No. 20

No. 21

No. 22

No. 23

No. 24

No. 25

Day 1
Day 2
Day 3
Day 4
Day 5
Day 6
Day 7

本番の試験に向けて

1 本番の試験と同じように，時間をはかって問題を解いてみよう。

英検5級の筆記試験は25分間です。問題は全部で25問ですから，1問に平均1分ずつしか使えません。最後の問題まで行きつけるように，全体の時間配分に気をつけることが必要です。スピードに慣れるためにも，今日はぜひ時間をはかりながら取り組んでみましょう。ひと通り解き終えた後に，見直しをする時間が残るのが理想的です。見直しがスムーズに進むよう，問題用紙の自分が選んだ番号にはすべて印をつけておきましょう。また，リスニングテストはその後の約20分間です。がんばって最後まで集中して聞きましょう。

2 マークシートの解答用紙を使ってみよう。

英検では，マークシートという解答用紙に答えを記入します。文字を書くのではなく，並んでいる○印の中の解答番号のところを鉛筆で塗りつぶします。塗りつぶす○の番号を間違えたり，欄がずれたりしてしまうと，せっかく答えがわかっていても×になってしまいます。問題を解くとき，マークシートだけでなく，問題用紙の自分が選んだ番号にも印をつけておきましょう。間違いに気づきやすくなり，試験の終わりに見直すときにも便利です。この後，実際の試験と同じように，この本の最後にあるマークシートを切り取って解答用紙として使ってみましょう。

3 昨日までに勉強したことをもう一度確かめよう。

このドリルでは，英検5級に必要な知識を6日に分けて学んできました。最も重要なポイントはそれぞれのDayの最初のページにまとめてあります。Day 7に取りかかる前に，もう一度確認しましょう。そして，試験当日まで，ときどき開いて内容を思い出しておくといいでしょう。5級では，同じことばや表現が，筆記でもリスニングでも取り上げられます。文字として理解するだけでなく，音で聞いてもわかるようにしておくことが大事です。大切な表現は何度も音読しながら覚えるようにしましょう。

さあ，本番の試験だと思って問題にチャレンジしましょう。時間をはかり，マークシートに書き込む練習も大切です。この本で学んだ表現やコツを思い出しながら，取り組んでみましょう。試験当日もその調子でがんばってください！Good luck!!

筆記試験＆リスニングテスト

| 試験時間 | 筆記25分 | リスニング約20分 |

1 次の(1)から(15)までの（　　　）に入れるのに最も適切なものを**1**，**2**，**3**，**4**の中から一つ選び，その番号のマーク欄をぬりつぶしなさい。

---

(1) *A:* This is a picture of my dog.
　　B: Wow, it's very (　　　)!
　　1 rainy　　　　**2** cute　　　　**3** ready　　　　**4** busy

(2) *A:* Olivia can (　　　) English and Japanese.
　　B: Great!
　　1 speak　　　　**2** wait　　　　**3** put　　　　**4** meet

(3) William sometimes writes (　　　) to his uncle.
　　1 pencils　　　**2** erasers　　　**3** e-mails　　　**4** forks

(4) *A:* One coffee please, with (　　　) but no sugar.
　　B: Here you are.
　　1 river　　　　**2** desk　　　　**3** tree　　　　**4** milk

(5) Meg (　　　) tennis lessons on Saturdays.
　　1 is　　　　　**2** paints　　　**3** takes　　　　**4** runs

(6) *A:* Does your mother like movies, Sally?
　　B: Yes, she does.　She (　　　) movies every weekend.
　　1 skates　　　**2** reads　　　　**3** watches　　　**4** needs

(7) December is the (　　　) month of the year.
　　1 ninth　　　　**2** tenth　　　　**3** eleventh　　　**4** twelfth

(8) Jill is looking at the poster (　　　) the wall.
　　1 at　　　　　**2** from　　　　**3** on　　　　　**4** in

(9) Amelia sometimes (   ) about her family with her friends.

1 talks   **2** gets   **3** smiles   **4** stands

(10) *A:* Welcome (   ) Japan! Have a nice day.
B: You, too.

1 on   **2** with   **3** under   **4** to

(11) *A:* How (   ) is that bridge?
B: It's 80 meters.

1 much   **2** long   **3** pretty   **4** many

(12) *A:* Thank you (   ) your help, Betty.
B: You're welcome.

1 of   **2** with   **3** for   **4** at

(13) *A:* Do you like Japanese food, Sophia?
B: Yes, but my brother (   ).

1 aren't   **2** don't   **3** doesn't   **4** isn't

(14) *A:* (   ) does Parker work?
B: He works at a bookstore.

1 Where   **2** When   **3** What   **4** Which

(15) I have two sisters. (   ) names are Kumi and Ryoko.

1 Her   **2** My   **3** Your   **4** Their

次の *(16)* から *(20)* までの会話について，(　　　　) に入れるのに最も適切なものを **1**，**2**，**3**，**4** の中から一つ選び，その番号のマーク欄をぬりつぶしなさい。

(16) **Mother:** Sleep well, Ken.
    Boy: (　　　　)
1 No, it isn't.　　　　　**2** In the pool.
3 Good night.　　　　　**4** Good idea.

(17) **Boy:** Hi, Lily. (　　　　)
Girl: I'm reading a magazine.
1 Is this your bag?　　　　**2** Are you sleepy?
3 What do you like?　　　　**4** What are you doing?

(18) **Girl:** Here's a birthday cake for you.
Boy: (　　　　) Thank you!
1 Wow, it's nice.　　　　　**2** It's not here.
3 It's 80 dollars.　　　　　**4** It's in June.

(19) **Woman:** Ben, what time is it?
    Man: (　　　　) Let's eat lunch.
1 It's twelve o'clock.　　　　**2** It's me.
3 He's 13.　　　　　　　　**4** Under the bed.

(20) **Girl:** How old is your sister?
Boy: (　　　　)
1 She is singing.　　　　**2** She is from Japan.
3 She is a student.　　　　**4** She is five.

Day 1
Day 2
Day 3
Day 4
Day 5
Day 6
Day 7

次の*(21)*から*(25)*までの日本文の意味を表すように①から④までを並べかえて 　　　　　 の中に入れなさい。そして，１番目と３番目にくるものの最も適切な組合せを**1**，**2**，**3**，**4**の中から一つ選び，その番号のマーク欄をぬりつぶしなさい。ただし，（　　　　）の中では，文のはじめにくる語も小文字になっています。

(21) 後藤先生は私たちの音楽の先生です。

（①Ms. Goto　②music　③our　④is）

1番目		3番目	
				teacher.

1 ④—②　　　**2** ②—①　　　**3** ①—③　　　**4** ③—④

(22) カナダに何人の友だちがいますか。

（①you　②do　③friends　④many）

How | 1番目 | | 3番目 | | have in Canada?

1 ①—③　　　**2** ①—④　　　**3** ④—②　　　**4** ②—④

(23) このカメラを使ってもいいですか。

（①use　②I　③this　④can）

| 1番目 | | 3番目 | | camera?

1 ②—④　　　**2** ③—④　　　**3** ④—①　　　**4** ②—①

(24) エミ，2時に駅に来てください。

（①the station　②at　③come　④to）

Emi, please | 1番目 | | 3番目 | | two o'clock.

1 ②—③　　　**2** ③—①　　　**3** ①—④　　　**4** ④—②

(25) 私たちの都市には大きな湖があります。

（①a large　②lake　③has　④city）

Our | 1番目 | | 3番目 | | .

1 ④—①　　　**2** ③—④　　　**3** ②—①　　　**4** ②—③

Listening Test

5級リスニングテストについて

❶このテストは，第1部から第3部まであります。

英文は二度放送されます。

第1部	イラストを参考にしながら英文と応答を聞き，最も適切な応答を**1**, **2**, **3**の中から一つ選びなさい。
第2部	対話と質問を聞き，その答えとして最も適切なものを**1**, **2**, **3**, **4**の中から一つ選びなさい。
第3部	三つの英文を聞き，その中から絵の内容を最もよく表しているものを一つ選びなさい。

❷No. 25のあと，10秒すると試験終了の合図がありますので，筆記用具を置いてください。

第1部 ◀)) 113～123

No. 1

No. 2

No. 3

No. 4

No. 5

No. 6

No. 7

No. 8

No. 9

No. 10

筆記試験&リスニングテスト

Day
1

Day
2

Day
3

Day
4

Day
5

Day
6

Day
7

No. 11　**1** Maria's brother does.
　　　　　2 David's brother does.
　　　　　3 Maria does.
　　　　　4 David does.

No. 12　**1** 60 dollars.
　　　　　2 70 dollars.
　　　　　3 80 dollars.
　　　　　4 90 dollars.

No. 13　**1** Reading a book.
　　　　　2 Going to New York.
　　　　　3 Writing an e-mail.
　　　　　4 Doing his homework.

No. 14　**1** A basketball.
　　　　　2 A tennis racket.
　　　　　3 A volleyball.
　　　　　4 A soccer ball.

No. 15　**1** He goes to school by bike.
　　　　　2 He goes to school by train.
　　　　　3 He walks to school.
　　　　　4 He goes to school by bus.

Day 1
Day 2
Day 3
Day 4
Day 5
Day 6
Day 7

第3部 ◀)) 130～140

No. 16

No. 17

No. 18

No. 19

No. 20

No. 21

No. 22

No. 23

No. 24

-140-

No. 25

5級のスピーキングテストは どんなテスト？

スピーキングテストでは，画面上に英文とイラストが提示され，それについての質問に答えます。
まずは問題を確認してから，解説を読みましょう。

スピーキングテスト
対策はこちら ▶ ▶ ▶

※5級のスピーキングテストは，一次試験（筆記・リスニング）の合否に関係なく，申込者全員が受験できます。くわしくは，日本英語検定協会のウェブサイトをご確認ください。

予想問題　🔊 141～143

Violin

Jane is 11 years old, and she likes music. Jane practices the violin at home. She has violin lessons on Sundays.

Questions

No.1　　Please look at the passage. How old is Jane?

No.2　　Where does Jane practice the violin?

No.3　　When is your birthday?

英文の訳　バイオリン

ジェーンは11歳で，音楽が好きです。ジェーンは家でバイオリンの練習をします。彼女は毎週日曜日にバイオリンのレッスンがあります。

1 黙読・音読　　　　　　　　　　　　　　　　　黙読20秒

まず英文を黙読します。Please read it aloud.「声に出して読んでください」と指示されたら題名から読み始めます。落ち着いてはっきり読みましょう。動詞についているsや複数形のsなど，1つ1つのことばを最後までていねいに発音しましょう。

2 英文に関する質問　　　　　　　　　　　　問題数：2問

No. 1

質問の訳　英文を見てください。ジェーンは何歳ですか。
解答例　She is 11 (eleven) years old.
解答例の訳　彼女は11歳です。

解説　How old 〜?「〜は何歳ですか」と聞かれているので，年齢を答えます。最初の英文Jane is 11 years oldから答えがわかりますが，答えではJaneをSheに置きかえることが大切です。単に11.「11歳」とすることもできますが，文の形で答えるようにしましょう。

No. 2

質問の訳　ジェーンはどこでバイオリンを練習しますか。
解答例　She practices the violin at home.
解答例の訳　彼女は家でバイオリンを練習します。

解説　Where「どこで」で始まる質問なので場所を答えます。2文目のJane practices the violin <u>at home</u>.に練習する場所が書かれています。Jane をShe に置きかえて答えましょう。At home.「家で」でも答えになりますが，主語と動詞を含んだ文にするようにしましょう。

3 受験者自身に関する質問　　　　　　　　問題数：1問

No. 3

質問の訳　あなたの誕生日はいつですか。
解答例　It's[My birthday is] November 3rd.
解答例の訳　（私の誕生日は）11月3日です。

解説　No. 3はあなた自身についての質問ですから，答えは1人1人異なります。ここでは話題はyour birthday「あなたの誕生日」で，質問はWhen「いつ」で始まっています。It'sあるいはMy birthday isで始め，〔月＋日〕の順に述べます。

Day 1　解答用紙（5級）

注意事項

①解答には HB の黒鉛筆（シャープペンシルも可）を使用し、解答を訂正する場合には消しゴムで完全に消してください。

②解答用紙は絶対に汚したり折り曲げたり、所定以外のところへの記入はしないでください。

③マーク例

これ以下の濃さのマークは読めません。

解答欄					
問題番号		1	2	3	4
1	(1)	①	②	③	④
	(2)	①	②	③	④
	(3)	①	②	③	④
	(4)	①	②	③	④
	(5)	①	②	③	④
	(6)	①	②	③	④
	(7)	①	②	③	④
	(8)	①	②	③	④
	(9)	①	②	③	④
	(10)	①	②	③	④
	(11)	①	②	③	④
	(12)	①	②	③	④
	(13)	①	②	③	④
	(14)	①	②	③	④
	(15)	①	②	③	④

解答欄					
問題番号		1	2	3	4
2	(16)	①	②	③	④
	(17)	①	②	③	④
	(18)	①	②	③	④
	(19)	①	②	③	④
	(20)	①	②	③	④
3	(21)	①	②	③	④
	(22)	①	②	③	④
	(23)	①	②	③	④
	(24)	①	②	③	④
	(25)	①	②	③	④

Day 2 解答用紙（5級）

リスニング解答欄			
問題番号		1 2 3 4	
第1部	No.1	① ② ③	
	No.2	① ② ③	
	No.3	① ② ③	
	No.4	① ② ③	
	No.5	① ② ③	
	No.6	① ② ③	
	No.7	① ② ③	
	No.8	① ② ③	
	No.9	① ② ③	
	No.10	① ② ③	

リスニング解答欄			
問題番号		1 2 3 4	
第3部	No.16	① ② ③	
	No.17	① ② ③	
	No.18	① ② ③	
	No.19	① ② ③	
	No.20	① ② ③	
	No.21	① ② ③	
	No.22	① ② ③	
	No.23	① ② ③	
	No.24	① ② ③	
	No.25	① ② ③	

リスニング解答欄			
問題番号		1 2 3 4	
第2部	No.11	① ② ③ ④	
	No.12	① ② ③ ④	
	No.13	① ② ③ ④	
	No.14	① ② ③ ④	
	No.15	① ② ③ ④	

切り取り線

Day 3　解答用紙（5級）

解答欄					
問題番号		1	2	3	4
1	(1)	①	②	③	④
	(2)	①	②	③	④
	(3)	①	②	③	④
	(4)	①	②	③	④
	(5)	①	②	③	④
	(6)	①	②	③	④
	(7)	①	②	③	④
	(8)	①	②	③	④
	(9)	①	②	③	④
	(10)	①	②	③	④
	(11)	①	②	③	④
	(12)	①	②	③	④
	(13)	①	②	③	④
	(14)	①	②	③	④
	(15)	①	②	③	④

解答欄					
問題番号		1	2	3	4
2	(16)	①	②	③	④
	(17)	①	②	③	④
	(18)	①	②	③	④
	(19)	①	②	③	④
	(20)	①	②	③	④
3	(21)	①	②	③	④
	(22)	①	②	③	④
	(23)	①	②	③	④
	(24)	①	②	③	④
	(25)	①	②	③	④

Day 4 解答用紙（5級）

リスニング解答欄		
問題番号	1 2 3 4	
第1部	No.1	① ② ③
	No.2	① ② ③
	No.3	① ② ③
	No.4	① ② ③
	No.5	① ② ③
	No.6	① ② ③
	No.7	① ② ③
	No.8	① ② ③
	No.9	① ② ③
	No.10	① ② ③

リスニング解答欄		
問題番号	1 2 3 4	
第3部	No.16	① ② ③
	No.17	① ② ③
	No.18	① ② ③
	No.19	① ② ③
	No.20	① ② ③
	No.21	① ② ③
	No.22	① ② ③
	No.23	① ② ③
	No.24	① ② ③
	No.25	① ② ③

リスニング解答欄		
問題番号	1 2 3 4	
第2部	No.11	① ② ③ ④
	No.12	① ② ③ ④
	No.13	① ② ③ ④
	No.14	① ② ③ ④
	No.15	① ② ③ ④

切り取り線

Day 5 解答用紙（5級）

解答欄

問題番号		1 2 3 4
1	(1)	① ② ③ ④
	(2)	① ② ③ ④
	(3)	① ② ③ ④
	(4)	① ② ③ ④
	(5)	① ② ③ ④
	(6)	① ② ③ ④
	(7)	① ② ③ ④
	(8)	① ② ③ ④
	(9)	① ② ③ ④
	(10)	① ② ③ ④
	(11)	① ② ③ ④
	(12)	① ② ③ ④
	(13)	① ② ③ ④
	(14)	① ② ③ ④
	(15)	① ② ③ ④

解答欄

問題番号		1 2 3 4
2	(16)	① ② ③ ④
	(17)	① ② ③ ④
	(18)	① ② ③ ④
	(19)	① ② ③ ④
	(20)	① ② ③ ④
3	(21)	① ② ③ ④
	(22)	① ② ③ ④
	(23)	① ② ③ ④
	(24)	① ② ③ ④
	(25)	① ② ③ ④

リスニング解答欄

問題番号		1 2 3 4
第1部	No.1	① ② ③
	No.2	① ② ③
	No.3	① ② ③
	No.4	① ② ③
	No.5	① ② ③
	No.6	① ② ③
	No.7	① ② ③
	No.8	① ② ③
	No.9	① ② ③
	No.10	① ② ③

リスニング解答欄

問題番号		1 2 3 4
第2部	No.11	① ② ③ ④
	No.12	① ② ③ ④
	No.13	① ② ③ ④
	No.14	① ② ③ ④
	No.15	① ② ③ ④

リスニング解答欄

問題番号		1 2 3 4
第3部	No.16	① ② ③
	No.17	① ② ③
	No.18	① ② ③
	No.19	① ② ③
	No.20	① ② ③
	No.21	① ② ③
	No.22	① ② ③
	No.23	① ② ③
	No.24	① ② ③
	No.25	① ② ③

切り取り線

Day 6　解答用紙（5級）

注意事項

①解答には HB の黒鉛筆（シャープペンシルも可）を使用し、解答を訂正する場合には消しゴムで完全に消してください。

②解答用紙は絶対に汚したり折り曲げたり、所定以外のところへの記入はしないでください。

③マーク例

これ以下の濃さのマークは読めません。

解答欄	1	2	3	4
問題番号				
(1)	①	②	③	④
(2)	①	②	③	④
(3)	①	②	③	④
(4)	①	②	③	④
(5)	①	②	③	④
(6)	①	②	③	④
(7)	①	②	③	④
(8)	①	②	③	④
(9)	①	②	③	④
(10)	①	②	③	④
(11)	①	②	③	④
(12)	①	②	③	④
(13)	①	②	③	④
(14)	①	②	③	④
(15)	①	②	③	④

（問題番号欄 1）

解答欄	1	2	3	4
問題番号				
(16)	①	②	③	④
(17)	①	②	③	④
(18)	①	②	③	④
(19)	①	②	③	④
(20)	①	②	③	④
(21)	①	②	③	④
(22)	①	②	③	④
(23)	①	②	③	④
(24)	①	②	③	④
(25)	①	②	③	④

（問題番号欄 2, 3）

リスニング解答欄	1	2	3	4
問題番号				
No.1	①	②	③	
No.2	①	②	③	
No.3	①	②	③	
No.4	①	②	③	
No.5	①	②	③	
No.6	①	②	③	
No.7	①	②	③	
No.8	①	②	③	
No.9	①	②	③	
No.10	①	②	③	

（第1部）

リスニング解答欄	1	2	3	4
問題番号				
No.11	①	②	③	④
No.12	①	②	③	④
No.13	①	②	③	④
No.14	①	②	③	④
No.15	①	②	③	④

（第2部）

リスニング解答欄	1	2	3	4
問題番号				
No.16	①	②	③	
No.17	①	②	③	
No.18	①	②	③	
No.19	①	②	③	
No.20	①	②	③	
No.21	①	②	③	
No.22	①	②	③	
No.23	①	②	③	
No.24	①	②	③	
No.25	①	②	③	

（第3部）

注意事項

①解答には HB の黒鉛筆（シャープペンシルも可）を使用し、解答を訂正する場合には消しゴムで完全に消してください。

②解答用紙は絶対に汚したり折り曲げたり、所定以外のところへの記入はしないでください。

③マーク例

良い例	悪い例
●	⊙ ⊗ ◐

◯ これ以下の濃さのマークは読めません。

切り取り線

解答欄

問題番号		1 2 3 4
1	(1)	① ② ③ ④
	(2)	① ② ③ ④
	(3)	① ② ③ ④
	(4)	① ② ③ ④
	(5)	① ② ③ ④
	(6)	① ② ③ ④
	(7)	① ② ③ ④
	(8)	① ② ③ ④
	(9)	① ② ③ ④
	(10)	① ② ③ ④
	(11)	① ② ③ ④
	(12)	① ② ③ ④
	(13)	① ② ③ ④
	(14)	① ② ③ ④
	(15)	① ② ③ ④

解答欄

問題番号		1 2 3 4
2	(16)	① ② ③ ④
	(17)	① ② ③ ④
	(18)	① ② ③ ④
	(19)	① ② ③ ④
	(20)	① ② ③ ④
3	(21)	① ② ③ ④
	(22)	① ② ③ ④
	(23)	① ② ③ ④
	(24)	① ② ③ ④
	(25)	① ② ③ ④

リスニング解答欄

問題番号		1 2 3 4
第1部	No.1	① ② ③
	No.2	① ② ③
	No.3	① ② ③
	No.4	① ② ③
	No.5	① ② ③
	No.6	① ② ③
	No.7	① ② ③
	No.8	① ② ③
	No.9	① ② ③
	No.10	① ② ③

リスニング解答欄

問題番号		1 2 3 4
第2部	No.11	① ② ③ ④
	No.12	① ② ③ ④
	No.13	① ② ③ ④
	No.14	① ② ③ ④
	No.15	① ② ③ ④

リスニング解答欄

問題番号		1 2 3 4
第3部	No.16	① ② ③
	No.17	① ② ③
	No.18	① ② ③
	No.19	① ② ③
	No.20	① ② ③
	No.21	① ② ③
	No.22	① ② ③
	No.23	① ② ③
	No.24	① ② ③
	No.25	① ② ③

7日間完成

文部科学省後援

英検®5級
予想問題ドリル

[5訂版]

解答と解説
（かいとう　かいせつ）

Contents 解答と解説
（かいとう　かいせつ）

英検®は、公益財団法人 日本英語検定協会の登録商標です。

旺文社

筆記試験
解答と解説

筆記

1	問題	1	2	3	4	5	6	7	8	9	10	11	12	13	14	15
	解答	2	2	1	3	4	3	2	4	3	4	3	1	1	2	4

2	問題	16	17	18	19	20
	解答	2	3	3	1	3

3	問題	21	22	23	24	25
	解答	4	2	2	1	3

1

(1) 解答 **2**

「急いで！ 映画は3時に始まりますよ」

1 泣く　　　　**2** 始まる
3 持っている　　**4** 作る

解説　The movie「その映画」が主語なので，選択肢の動詞はすべてsがついていることに注意しましょう。**1**のcriesの元の形はcryです。hurry（up）は「急ぐ」の意味です。主語を置かずに動詞から始めると命令「～しなさい」を表します。

(2) 解答 **2**

A「今日はいい天気ですね」
B「ええ，そうですね」

1 大きい　　　　**2** 晴れている
3 （背が）高い　　**4** 低い

解説　英語では天気，時間，距離などについて話すとき，It is［It's］～で文を始めます。sunny「晴れている」，cloudy「くもっている」，rainy「雨降りの」などの天気を表す語もあわせて覚えておきましょう。

(3) 解答 **1**

A「あなたは英語を話せますか」
B「はい，少しですが」

1 英語　　　　　**2** リンゴ
3 手紙　　　　　**4** 水曜日

解説　speak「～を話す」の後にはEnglish「英語」やJapanese「日本語」などの言語を表すことばを続けることができます。speak about ～ か speak on ～とすると，「～について話す，～について演説する」の意味になり，さまざまなことばを続けられます。

(4) 解答 **3**

「私の兄弟たちは公園でバドミントンをしています」

1 聞いている　　**2** 置いている
3 している　　　**4** 食べている

解説　〔be 動詞（ここでは are）＋ ～ing〕で「（今）～しているところだ」の意味になります。badminton「バドミントン」のようなスポーツ名と組み合わせて使えるのは**3**の playだけです。**2**はputのing形です。

(5) 解答 **4**

A「あなたは何かペットを飼っていますか」
B「はい，犬を飼っています」

1 バイオリン　　**2** 自転車
3 クラス　　　　**4** 犬

解説　「ペットを飼っていますか」という質

間に，「はい，（　）を飼っています」と答えています。選択肢の中でペットにふさわしいものを選びます。have は「持っている」以外に「飼う」や「食べる」という意味もあります。

(6) 解答 **3**

A「あなたの大好きな色は何ですか」
B「緑です」

1 ホテル　　　　　　**2** 音楽
3 緑　　　　　　　　**4** ノート

解説 What is your favorite 〜? は「あなたの大好きな〜は何ですか」という意味です。選択肢の中から color「色」を表すものを選びましょう。My favorite color is の代わりに It's〔It is〕と言ってから色を言います。

(7) 解答 **2**

A「あの男性はだれですか」
B「彼は私のおじです」

1 母　　　　　　　　**2** おじ
3 姉〔妹〕　　　　　**4** おば

解説 Who「だれ」と聞かれたら，名前か自分との関係を答えます。uncle が男性，aunt が女性です。that man「あの男性」と言っているので，選択肢から男性を表すことばを選びます。この他，grandfather「祖父」，grandmother「祖母」，cousin「いとこ」なども覚えておきましょう。

(8) 解答 **4**

「あのスーパーマーケットは午前8時から午後7時まで開いています」

1 〜といっしょに　**2** 〜のために
3 〜の下に　　　　**4** 〜から

解説 be open は「開いている」の意味です。from 〜 to ... を使って2つの時間や場所を並べると「〜から…まで」の意味になります。a.m. は「午前」，p.m. は「午後」を表します。

(9) 解答 **3**

「会議に遅れてはいけませんよ，マイク」

1 若い　　　　　　**2** 親切な
3 遅れている　　　**4** 小さい

解説 主語なしで〔Don't + 動詞〕で始めると「〜してはいけません」と禁止する文になります。be動詞は原形の be になることに気をつけましょう。「〜に遅れる」は be late for 〜 の形で表します。

(10) 解答 **4**

「私はときどき電話で友だちと話します」

1 知っている　　　**2** 止まる
3 信じる　　　　　**4** 話す

解説 on the phone は「電話で」という意味です。電話ですることを選びましょう。talk は「話をする，しゃべる」の意味で，話す相手は to 〜 か with 〜 で表します。sometimes「ときどき」はふつう，動詞の前に置きます。

(11) 解答 **3**

「私はふだん，徒歩で通学しています」

1 〜の中に
2 〜といっしょに
3 （on foot で）徒歩で
4 〜に（時間），〜で（場所）

解説 on foot は「徒歩で」という意味です。同じ意味で I usually walk to school. と言うこともできます。乗り物などの交通手段を述べる場合は by car「車で」のように〔by + 乗り物〕で表します。

(12) 解答 **1**

「向こうのあの塔を見て」

1 （over there で）向こうにある，あそこにある
2 〜といっしょに
3 〜のために
4 〜から離れて

解説 主語なしで動詞から始めると命令「〜しなさい」になります。over there は「ほら，あそこの」と指さしながら言うときによく使われる表現です。

(13) 解答 1

「ハナコは学生です。**彼女は**科学を勉強しています」

1 彼女は   **2** 彼[彼女]らは

3 それは   **4** あれは

解説 英語では同じ人や物について話を続けるとき，he, his, him や she, her などに置きかえるのが原則です。最初の文に登場したハナコに置きかわる語は，「彼女は」を意味する She になります。

(14) 解答 2

A「あなたはどこの出身ですか」

B「私は日本の出身です」

1 どのように   **2** どこ（で）

3 だれが   **4** いつ

解説 B の応答に使われている〔be 動詞 ＋

from ＋ 場所［地名］〕は「〜から来ている → 〜の出身である」の意味です。出身地をたずねる場合は Where「どこ」で始めて，from は文末に残します。

(15) 解答 4

A「あれらはだれの本ですか」

B「私のものです」

1 私は   **2** 私の

3 私を[に]   **4** 私のもの

解説 Whose books「だれの本」に対して my books「私の本」の代わりに mine「私のもの」と答えます。yours「あなた（たち）のもの」, his「彼のもの」, hers「彼女のもの」, ours「私たちのもの」, theirs「彼ら[彼女ら]のもの」も覚えておきましょう。

2

(16) 解答 2

女性「あなたの誕生日はいつですか」

男性「来週です」

1 毎日です。   **2** 来週です。

3 それは茶色です。   **4** 私はうれしいです。

解説 When「いつ」と聞かれているので時を答えている選択肢を選びます。**2** の Next week. が正解です。**1** の Every day. も時に関する表現ですが，「毎日です」という応答はここでは不適切です。

(17) 解答 3

女の子「あなたのおばあさんは上手に歌いますか」

男の子「はい，歌います」

1 はい，僕は日本人です。

2 いいえ，彼はしません。

3 はい，歌います。

4 いいえ，あなたはできません。

解説 your grandmother「あなたのおばあさん」は女性なので，言いかえると she にな

ります。Does で始まる質問には does を使って答えるのが基本です。

(18) 解答 3

男の子「すみません。この T シャツはいいですね。いくらですか」

女性「10 ドルです」

1 これはあなたのペンですか。

2 あれはだれですか。

3 それはいくらですか。

4 お元気ですか。

解説 男の子の質問に対して女性（おそらく店員）が「それは 10 ドルです」と答えていることから，男の子は値段をたずねたことがわかります。「いくら？」は How much で始めます。

(19) 解答 1

母親「オレンジジュースかミルクがほしい？」

女の子「ミルクをお願い」

1 ミルクをお願い。

2 それはケーキね。
3 台所で。
4 おはよう。

解説 Do you want *A* or *B*?は「*A*と*B*のどちらがほしいですか」という質問です。I want *A*[*B*].と答えるのが基本ですが，I wantを省略することもできます。どちらの場合もpleaseをつけるとていねいになります。

1 大丈夫だよ。
2 うん，できるよ。
3 自分の部屋を掃除するよ。
4 今行くよ。

解説 What do you do?「何をするのか」に対する答えは，動詞「～をする」です。主語を省略することもあります。選択肢の中では clean「掃除をする」が唯一の動詞です。on Saturdaysは「毎週土曜日に」という意味です。

(20) 解答 **3**
女の子「毎週土曜日には何をするの？」
男の子「自分の部屋を掃除するよ」

3

(21) 解答 **4**
正しい語順 （Let's take a picture of）the flowers here.
解説 「写真を撮る」はtake a pictureまたはtake a photoと言います。「（いっしょに）～しましょう」と相手を誘うときは，Let'sで始めてその後にする動詞を続けます。

(22) 解答 **2**
正しい語順 （Can I sit here）?
解説 「～してもいいですか」はCan I ～?やMay I ～?と言います。答えるときは，Sure.「いいですよ」やOf course you can.「もちろんいいですよ」などと言います。

(23) 解答 **2**
正しい語順 What （do you like doing）, James?
解説 「することが好き」はlike doingと言う点が重要です。「何が好きですか」ならwhat do you like?ですが，ここでは「何をすることが好きですか」なので，likeの後にdoingを置きます。

(24) 解答 **1**
正しい語順 （Thank you for the）present, Dad.
解説 「ありがとう」とお礼を言うときはThank you.を使いますが，何についてのお礼かを表すにはfor ～を加えます。Thank you for your help.「手伝ってくれて～」やThank you for coming.「来てくれて～」などと言います。

(25) 解答 **3**
正しい語順 （Mr. Tanaka uses his computer）after lunch.
解説 疑問文ではないので，〔主語＋動詞〕の形になります。「使います」に当たる動詞usesを主語の次に置きます。日本語には「彼の」とはありませんが，computerの前にhisをつけます。

リスニングテスト
解答と解説

問題編 p.16〜21

リスニング

第1部

問題	1	2	3	4	5	6	7	8	9	10
解答	1	3	3	3	2	3	1	1	3	1

第2部

問題	11	12	13	14	15
解答	3	3	3	3	4

第3部

問題	16	17	18	19	20	21	22	23	24	25
解答	1	3	2	3	2	3	1	1	3	1

Day 2

第1部　◀》001〜011

No. 1　解答　1

What do you usually do after lunch?
1 I play with my friends.
2 Let's go.
3 It's delicious.

あなたはふつう昼食の後に何をするの？
1 友だちと遊ぶよ。
2 いっしょに行こう。
3 おいしいです。

解説 文のはじめを聞き逃さないようにしましょう。ここではWhat「何」と言っています。What do you usually <u>do</u>の2番目のdoは「する」という意味です。したがって「私は〜する」という意味の文が正解です。

No. 2　解答　3

How is the weather in Tokyo?
1 In the morning.
2 Yes, you are.
3 It's snowing.

東京の天気はどう？
1 午前中に。
2 はい，あなたはそうです。
3 雪が降っているわ。

解説 weather「天候，天気」という語がポイント。How is the weather in 〜?で「〜の天気はどうですか」という意味になります。天候を答えている**3**を選ぶ。

No. 3　解答 3

Hello, Lisa. How are you?
1 You're welcome.
2 Yes, please.
3 Fine, thank you.

やあ，リサ。元気かい？
1 どういたしまして。
2 はい，お願いします。
3 元気よ，ありがとう。

解説 How are you?「元気ですか」には（I'm）Fine, thank you.「元気です，ありがとう」などと答えます。**1** の You're welcome. は Thank you. とお礼を言われたときの返答です。

No. 4　解答 3

Whose notebook is this?
1 Sure.
2 I like red.
3 I don't know.

これはだれのノート？
1 もちろん。
2 僕は赤が好きなんだ。
3 知らないよ。

解説 Whose は「だれの」とたずねるときのことばです。Who's（＝Who is）「だれが〜ですか」と音が同じなので気をつけましょう。Whose を使った質問には It's mine.「私のです」や It's Tom's.「トムのです」のように答えますが，ここでは I don't know.「知らない」と言っています。

No. 5　解答 2

Are you reading, Jane?
1 Yes, please.
2 Yes. It's my homework.
3 In the classroom.

本を読んでいるのかい，ジェーン？
1 うん，お願いします。
2 うん。宿題なの。
3 教室で。

解説 Are you 〜?「あなたは〜ですか」の形の文なので，Yes か No で答えるのが基本です。〔am〔is, are〕＋〜ing〕で「〜しているところだ」の意味になり，ここでは reading「読んでいるところ」です。

No. 6　解答 3

Does your sister play baseball?
1 Yes, he does.
2 It's easy.
3 No. She plays basketball.

あなたのお姉さん〔妹さん〕は野球をしますか。
1 はい，彼はします。
2 それは簡単です。
3 いいえ。彼女はバスケットボールをします。

解説 Do〔Does〕 〜? の形の質問には Yes か No で答えるのが基本です。話題になっているのは your sister「あなたのお姉さん〔妹さん〕」なので，返答に she「彼女は」を使っている **3** が正解です。

No. 7　解答　1

Can I take a picture of that painting?	あの絵の写真を撮ってもいいですか。
1 Of course.	**1** もちろんです。
2 You're a good singer.	**2** あなたは歌がうまいですね。
3 Yes, I do.	**3** はい，私はします。

解説　can ～は「～することができる」の意味ですが，Can I ～?は「～してもいいですか」と許可を求める表現になります。許可するときは，Of course.やSure.の他，Yes, you can.などと言います。許可しないときは，No, you can't.などと答えます。

No. 8　解答　1

Don't play soccer here.	ここでサッカーをしてはいけません。
1 I'm sorry, Ms. Smith.	**1** ごめんなさい，スミス先生。
2 Yes, he is.	**2** はい，彼はそうです。
3 Here you are.	**3** はい，どうぞ。

解説　主語を言わずに動詞から始めると命令文「～しなさい」になりますが，その前にDon'tをつけると「～してはいけません」という禁止になります。サッカーをしてはいけないと注意されたときの返答はI'm sorry.「ごめんなさい」が自然です。

No. 9　解答　3

When is your birthday party?	あなたの誕生日パーティーはいつなの？
1 It's yours.	**1** それはあなたのものです。
2 In my house.	**2** 私の家で。
3 Next Saturday.	**3** 次の土曜日だよ。

解説　最初のことばWhen「いつ」が大事です。選択肢の中でいつのことかを表すのは Next Saturday.「次の土曜日」です。選択肢**1**はWhose「だれの（もの）」，**2**はWhere「どこ」と聞かれた場合の返答です。

No. 10　解答　1

How old is your brother?	あなたのお兄さん［弟さん］は何歳ですか。
1 He's fifteen years old.	**1** 彼は15歳です。
2 By bus.	**2** バスで。
3 With my family.	**3** 家族といっしょに。

解説　How oldは「何歳ですか」と年齢を聞く言い方です。brotherを heで言いかえてHe is 15 (years old).の形で答えます。How「どうやって，どのくらい」は他のことばと結びついていろいろな質問を作ります。

Day
2

No. 11　解答　3

★：Do you like math?
☆：Yes, Mr. Anderson. But my favorite class is music.
Question: What is the girl's favorite subject?

★：数学は好きかい？
☆：はい，アンダーソン先生。でも，いちばん好きな授業は音楽です。
質問：女の子のいちばん好きな教科は何ですか。

1 数学。　　　　　**2** 理科。　　　　　**3** 音楽。　　　　　**4** 歴史。

解説　数学は好きかという問いに女の子はYesと答えていますが，続けてBut my favorite class is music.と言っています。favoriteは「いちばん好きな」という意味です。classは「授業」，subjectは「教科，科目」なども覚えておきましょう。

No. 12　解答　3

☆：Hi, Tom.　That's a nice jacket.
★：Thank you, Maria.　It's my brother's.
Question：Whose jacket is it?

☆：こんにちは，トム。すてきなジャケットね。
★：ありがとう，マリア。兄［弟］のなんだ。
質問：それはだれのジャケットですか。

1 マリアのものです。
2 トムのものです。
3 トムの兄［弟］のものです。
4 マリアの兄［弟］のものです。

解説　TomとMariaという呼びかけに注意しましょう。It's my brother's.と答えているのはTomなので，ジャケットはトムの兄［弟］のものだとわかります。

No. 13　解答　3

☆：Do you practice badminton every day, Eric?
★：No, I don't. I practice on weekends.
Question：When does Eric practice badminton?

☆：毎日バドミントンを練習するの，エリック？
★：ううん，しないよ。毎週末に練習するんだよ。
質問：いつエリックはバドミントンを練習しますか。

1 毎週月曜日に。　　　　　**2** 毎週木曜日に。
3 毎週末に。　　　　　　　**4** 毎日。

解説　When「いつ」という質問です。女性の発言にevery dayとありますが，EricはI practice on weekends.と言っています。なお，「月曜日に」はon Mondayと言いますが，on Mondaysとsをつけると「毎週月曜日に」の意味になります。

No. 14 解答 3

★：This bridge is long! Is it about fifty meters long?
☆：No. It's about one hundred meters long.
Question: How long is the bridge?

1 およそ15メートルの長さ。
2 およそ50メートルの長さ。
3 およそ100メートルの長さ。
4 およそ150メートルの長さ

★：この橋は長いね！　およそ50メートルくらい？
☆：いいえ。およそ100メートルくらいよ。
質問：橋はどのくらい長いですか。

解説　How long ～?の形で長さを聞く質問です。対話に出てくる数字に注意しましょう。女性の発言にあるabout one hundred meters longから正解がわかります。長さを言うにはこのように最後にlongをつけます。また数字の前のaboutは「およそ」の意味です。

No. 15 解答 4

★：Is that tall man your father, Yuko?
☆：No, Brian. He's my uncle.
Question：Who is the tall man?

1 ブライアンの父親。
2 ブライアンのおじ。
3 ユウコの父親。
4 ユウコのおじ。

★：あの背の高い男の人は君のお父さんなの，ユウコ？
☆：違うわ, ブライアン。彼は私のおじよ。
質問：背の高い男性はだれですか。

解説　対話の中に名前が出てくるときは，どちらの人物の名前なのか確認しながら聞くようにしましょう。男の子がBrian, 女の子がYukoです。uncle「おじ」, aunt「おば」, cousin「いとこ」など，親戚に関することばはよく出題されます。

No. 16 解答 1

1 Sam is washing the dishes.	1 サムはお皿を洗っています。
2 Sam is washing clothes.	2 サムは洋服を洗っています。
3 Sam is washing a cap.	3 サムは帽子を洗っています。

解説 聞こえてくる3つの文はよく似ています。違う部分に注意して聞きましょう。ここではwashing（wash「洗う」のing形）の後に来ることばがポイントです。dish「皿」の複数形dishesが含まれる1が答えです。2のclothes「洋服」の発音に気をつけましょう。

No. 17 解答 3

1 Lucy is painting a picture.	1 ルーシーは絵を描いています。
2 Lucy is walking on a street.	2 ルーシーは通りを歩いています。
3 Lucy is talking on the phone.	3 ルーシーは電話で話をしています。

解説 女の子がしていることを表す動詞を考えます。talk「話す」がこれに当たります。「電話で話す」はtalk on the phoneと言います。on the phone「電話で」という言い方を覚えておきましょう。

No. 18 解答 2

1 Ben plays volleyball.	1 ベンはバレーボールをします。
2 Ben plays tennis.	2 ベンはテニスをします。
3 Ben plays soccer.	3 ベンはサッカーをします。

解説 Benは男の子の名前です。絵に描かれているスポーツの名前を選びます。選択肢にあるスポーツ名は日本語での言い方と発音が似ているので，わかりやすいでしょう。ただし，選択肢1のvolleyball「バレーボール」はvの音で始まります。発音するときは気をつけましょう。

No. 19 解答 3

1 Sherry is on a bus.	1 シェリーはバスに乗っています。
2 Sherry is on a train.	2 シェリーは電車に乗っています。
3 Sherry is on a plane.	3 シェリーは飛行機に乗っています。

解説 Sherry is on ～「シェリーは～に乗っています」の後に聞こえてくる乗り物の名前を聞き取りましょう。飛行機はairplaneと言いますが，3のようにplaneだけで表すこともよくあります。

No. 20　解答　2

1 Anna has gloves in her hands.	**1** アナは手にグローブを持っています。
2 Anna has a bat in her hands.	**2** アナは手にバットを持っています。
3 Anna has a ball in her hands.	**3** アナは手にボールを持っています。

解説　女の子が手に持っている物を選ぶ問題です。手に持っているのはバットなので，**2**が正解です。

No. 21　解答　3

1 Kota is dancing on the sofa.	**1** コウタはソファーの上で踊っています。
2 Kota is standing on the sofa.	**2** コウタはソファーの上に立っています。
3 Kota is sitting on the sofa.	**3** コウタはソファーに座っています。

解説　Kota isの後のことばが異なります。何をしているのかを表す動詞の〜ingの形です。ソファーに座っている絵なので，sit「座る」を使った**3**が正解です。なお，「腰を下ろす」という動作はsit downと言います。standは「立っている」，stand upは「立ち上がる」を表します。

No. 22　解答　1

1 It's September 24th today.	**1** 今日は9月24日です。
2 It's October 24th today.	**2** 今日は10月24日です。
3 It's December 24th today.	**3** 今日は12月24日です。

解説　カレンダーに書かれている日付を表す文を選びます。月の名前は大変よく出題されるので，すらすら言えるように練習しておきましょう。日付を言うときはIt's[It is]で文を始めます。

No. 23　解答　1

1 The glasses are on the desk.	**1** めがねは机の上にあります。
2 The glasses are in the desk.	**2** めがねは机の中にあります。
3 The glasses are under the desk.	**3** めがねは机の下にあります。

解説　場所を表すことばを選ぶ問題です。in, on, under, by, nearがよく出題されます。on 〜は「〜の上に」だけでなく「〜に接している，くっついている」を表し，on the wall「壁に」のようにも使うので注意しましょう。また，glasses「めがね」は必ず複数形で使います。

No. 24　解答　3

1 David reads a magazine in his room every day.	**1** デイビッドは毎日自分の部屋で雑誌を読みます。
2 David writes an e-mail in his room every day.	**2** デイビッドは毎日自分の部屋でEメールを書きます。
3 David watches TV in his room every day.	**3** デイビッドは毎日自分の部屋でテレビを見ます。

解説 3つの文とも David ～ in his room every day.「デイビッドは毎日自分の部屋で～」という形です。～の部分で述べられている「何をするのか」について，絵が表している内容を選びます。magazine は「雑誌」，e-mail は「Eメール，電子メール」のことです。

No. 25　解答　1

1 The bike is one hundred and five dollars.	**1** その自転車は105ドルです。
2 The bike is one hundred and fifteen dollars.	**2** その自転車は115ドルです。
3 The bike is one hundred and fifty dollars.	**3** その自転車は150ドルです。

解説 数字を聞き取る問題です。fifteen と fifty はアクセントに気をつけて聞き取りましょう。絵の中の値段についている $ のマークはお金の単位の「ドル」を表し，dollar (s)「ダラー（ズ）」と読みます。日本語の「ドル」と音がかなり違うので注意しましょう。

筆記試験
解答と解説

問題編 p.24〜27

筆記

1	問題	1	2	3	4	5	6	7	8	9	10	11	12	13	14	15
	解答	4	4	3	3	2	2	1	4	2	3	1	4	2	1	1

2	問題	16	17	18	19	20
	解答	4	3	1	3	3

3	問題	21	22	23	24	25
	解答	3	2	3	4	3

Day
3

1

(1) 解答 4

A「あなたは医者ですか」
B「いいえ。私は銀行で働いています」
1 必要とする　　　　2 知っている
3 考える　　　　　　4 働く

解説　「あなたは医者ですか」の応答にNo.「いいえ」と答え，「私は銀行で（　　）」と言っています。4のwork を選ぶと「銀行で働く」となり，意味が通ります。

(2) 解答 4

「とても暑いです。窓を開けてください」
1 食べ物　　　　　　2 消しゴム
3 本　　　　　　　　4 窓

解説　「〜しなさい」という命令文は動詞の原形で始めますが，文頭にPlease を置くと，「〜してください」というていねいな表現になります。暑いときに開けるものを選びます。

(3) 解答 3

A「わあ，あなたの猫は大きいですね」
B「はい。10キログラムあります」
1 ニンジン　　　　　2 人々
3 キログラム　　　　4 ボール

解説　「大きい」と言われて，猫の重さを答えている場面です。重さに関係のある語を

選びます。kilogram(s) は略して kg と書くこともあります。なお，英米では重さの単位として pound(s)「ポンド」も広く使われています。

(4) 解答 3

A「今日の午後に野球をしましょう」
B「ごめんなさい。私は忙しいです」
1 かわいい　　　　　2 短い
3 忙しい　　　　　　4 速い

解説　Let's 〜.「いっしょに〜しましょう」と誘われましたが，Sorry. と謝っています。その後には，I'm busy.「忙しい」やI have to 〜「〜をしなくてはならない」などと断る理由を述べるのが礼儀です。

(5) 解答 2

A「ドアを閉めてもらえますか」
B「いいですよ」
1 ほほえむ　　　　　2 閉める
3 待つ　　　　　　　4 始める

解説　the door「ドア」をどうするのかを考えます。Can you 〜?は「あなたは〜できますか」の他に「〜してくれますか」と頼むときにも使える表現です。「いいですよ」と答えるにはAll right.や Okay.や Sure. などと言います。

13

(6)　解答　**2**

「4月は1年の中で4番目の月です」

1 3月　　　　　　**2** 4月
3 5月　　　　　　**4** 6月

解説　月の名前はよく出題されます。つづりと発音を確認しておきましょう。順序を表すことばも大事です。firstは「1番目の」，secondは「2番目の」，thirdは「3番目の」です。fourth「4番目の」からtwelfth「12番目の」までも覚えておきましょう。

(7)　解答　**1**

「私の父はときどきスパゲティを料理します。それはとてもおいしいです」

1 料理する　　　　**2** 跳ぶ
3 勉強する　　　　**4** 洗う

解説　My fatherが主語なので，選択肢はすべて動詞にsがついた形です。**3**の元の形はstudy，**4**の元の形はwashです。spaghetti「スパゲティ」が読めなくても，2文目の最後のことばdelicious「とてもおいしい」から，食べ物に関係がある文だと想像できるでしょう。

(8)　解答　**4**

「生徒たちは今，音楽を聞いています」

1 〜の中に
2 〜から
3 〜に
4 (listen to 〜 で) 〜を聞く

解説　〔be動詞 + 〜ing〕は「〜しているところだ」の意味です。listeningのlistenは「聞く」で，「〜を聞く」と言うときはlisten to 〜とします。look at 〜「〜を見る」，look for 〜「〜を探す」とともによく出題される表現です。

(9)　解答　**2**

「私の姉[妹]は毎週日曜日にプールに行きます」

1 よい　　　　　　**2** あらゆる
3 りっぱな　　　　**4** 小さい

解説　〔every + 曜日名〕で「毎週〜曜日に」の意味になります。「〜曜日に」はonSunday「日曜日に」のようにonを使って表しますが，everyがつくとonは不要になります。

(10)　解答　**3**

「私は7時に起き，8時に朝食を食べます」

1 書く
2 する
3 (get up で) 起きる
4 見る

解説　get upは「起きる，起床する」という意味です。ひとまとめにして覚えましょう。haveはeat「食べる」やdrink「飲む」の意味を表すことができ，have breakfastで「朝食を食べる」になります。時刻を表すにはat sevenのようにatを使います。

(11)　解答　**1**

A「私はコーヒーがほしいです。あなたはどうですか」
B「私もです」

1 (How about 〜? で) 〜はどうですか
2 古い
3 簡単な
4 たくさんの（数）

解説　How about you?は直前に述べた内容について「あなたはどうですか」とたずねる言い方です。丸ごと覚えておきましょう。

(12)　解答　**4**

A「ジョーンズさんは教師ですか」
B「その通りです」

1 近い
2 やわらかい
3 すばらしい
4 正しい

解説　Aの質問に対し，BはYesやNoを使わない答え方をしています。That's right.は相手の言ったことに対して「それは正しい」「その通りだ」と言うときの表現です。

(13) 解答 2

「あのリュックサックはあなたのものではありません。ケイトのです」

1 彼女の[を]

2 あなた（たち）のもの

3 あなたは[を]

4 私を[に]

解説 Kate's backpackのように同じことばを繰り返すのをさけてKate's「ケイトのもの」と言っています。同様に,（　）も「〜のもの」に当たることばが入ります。

(14) 解答 1

A「あなたは何歳ですか」

B「14歳です」

1 （How old 〜?で）何歳ですか

2 どちら

3 だれの

4 いつ

解説 Bが「14 歳です」と答えているので,Aは年齢をたずねていると予想できます。年齢を聞くにはHow old 〜?と言います。BはI'm fourteen <u>years old</u>.のyears oldを省略した形で答えています。

(15) 解答 1

「クラーク夫人は庭にいます。**彼女は花を見**ています」

1 彼女は　　　　　　**2** 彼は

3 彼[彼女]らは　　　**4** それは

解説 Mrs. は結婚している女性の姓につける敬称です。したがって,Mrs. Clarkは「クラーク夫人,クラークさん」となり,これを受ける代名詞はShe です。

2

---

(16) 解答 4

母親「ボブ,靴をきれいにしなさい」

男の子「わかったよ,お母さん」

1 いいえ,僕は違うよ。

2 それで全部だよ。

3 僕はここにいるよ。

4 わかったよ,お母さん。

解説 主語なしで動詞の原形で文を始めると「〜しなさい」と命令する文になります。「わかりました」はOK.などと答えます。

(17) 解答 3

女性「あなたの車は何色ですか」

男性「白です」

1 東京に。

2 はい,車を持っています。

3 白です。

4 いいえ,私のものではありません。

解説 What color 〜?「〜は何色ですか」と「色」をたずねられているので,「色」を答えます。YesやNoでは答えられないので気をつけましょう。

(18) 解答 1

女の子1「こんにちは,アナ。調子はどう？」

女の子2「こんにちは,スーザン。元気よ」

1 調子はどう？

2 ピンクよ。

3 彼女はいつ来るの？

4 こんばんは。

解説 日常のあいさつの場面です。Girl2は I'm fine. と言っているので,これが返答となるような質問が（　）に入ります。How are you doing?はHow are you?とほぼ同じ意味です。

(19) 解答 3

女の子「木のそばにいるあの男の子はだれ？」

男の子「知らないよ」

1 6時だよ。

2 これは彼女のものだよ。

3 知らないよ。
4 それはいいね。

解説 女の子の質問はWhoで始まっているので、that boy「あの男の子」がだれなのかをたずねています。男の子の返答としてはI don't know.「知らない」が適切です。知っていればHe is 〜.と名前か自分との関係を答えます。

(20) 解答 **3**
女の子「あなたは緑茶を飲むの、ロバート？」

男の子「ううん、飲まないよ」
1 僕もだよ。
2 ううん、君はしないよ。
3 ううん、飲まないよ。
4 うん、君はできるよ。

解説 Do you 〜?「あなたは〜しますか」と聞かれているので、自分自身のことを答えます。Do で始まる疑問文には Yes, I do. か No, I don't. のように doか don'tを使って答えるのが基本です。

3

(21) 解答 **3**
正しい語順 Your (**dictionary** is on the desk).
解説 be動詞には「〜である」の他に「〜がある、〜がいる」の意味もあります。この文ではisの後に場所を表すon the deskを置きます。

(22) 解答 **2**
正しい語順 Jim, (**that** is our school).
解説 「あれは〜です」はThat is 〜.で表します。we - our - us - oursの変化はしっかり覚えておきましょう。

(23) 解答 **3**
正しい語順 Mary (is making **tomato soup** for) her brother.
解説 「〜している」は〔be動詞 + 〜ing〕の形で表します。この文ではis makingになります。make 〜 for ...で「...のために〜を作る」の意味になります。

(24) 解答 **4**
正しい語順 (**Where do you eat**) lunch?
解説 「場所」をたずねる疑問詞Whereで文を始めます。その後にふつうの疑問文の形のdo you 〜?が続きます。疑問詞（When, Who, What, Howなど）の意味と使い方をしっかりと覚えておきましょう。

(25) 解答 **3**
正しい語順 Do you always (**go camping with** Eric)?
解説 go はいつも〔go to + 場所〕の形で使うわけではありません。「〜しに行く」は〔go + 〜ing〕の形で表す場合がよくあります。go camping以外にもgo fishing「釣りをしに行く」、go shopping「買い物に行く」、go jogging「ジョギングに行く」、go skiing「スキーをしに行く」などがよく出題されます。

リスニングテスト
解答と解説

問題編 p.30〜35

リスニング

第1部	問題	1	2	3	4	5	6	7	8	9	10
	解答	3	3	1	2	3	2	2	1	1	3

第2部	問題	11	12	13	14	15
	解答	2	3	3	4	2

第3部	問題	16	17	18	19	20	21	22	23	24	25
	解答	3	1	2	1	1	1	2	2	2	3

第1部　◀)) 029〜039

No. 1　解答 3

Who is your music teacher?
1 At school.
2 It's mine.
3 Ms. Kent.

あなたの音楽の先生はだれですか。
1 学校で。
2 私のものです。
3 ケント先生です。

解説 Who「だれ」で始まる質問です。人の名前や自分との関係を答えます。Ms. 〜は女性の名字または〔名前＋名字〕につけて「〜さん，〜先生」を表します。男性の場合はMr. をつけます。

No. 2　解答 3

Does your brother play tennis?
1 All right.
2 It's his.
3 No, he doesn't.

あなたのお兄さん[弟さん]はテニスをするの？
1 わかったよ。
2 それは彼のものだよ。
3 いいや，彼はしないよ。

解説 Do〔Does〕〜で始まる質問にはYesかNoで答えるのが基本です。答えるときはmy brotherをhe「彼」と言いかえます。Doesで聞かれたら，Yes, he does. かNo, he doesn't. のようにdoesを用いて答えます。

No. 3 解答 1

Where do you usually practice the guitar?
1 In my room.
2 To the shop.
3 It's a flute.

ふだんどこでギターを練習するの？
1 自分の部屋でだよ。
2 店へだよ。
3 それはフルートだよ。

解説 Where「どこ」で始まる疑問文に対する返事を選びます。ここでは〔in＋場所〕「〜で」の形で答えている**1**が適切です。to 〜は「〜へ」の意味で，goやmoveのように移動を表す動詞を使うときに，方向や目的地を表します。

No. 4 解答 2

Let's make lunch together.
1 On weekends.
2 Good idea.
3 Yes, you are.

いっしょに昼食を作りましょう。
1 毎週末に。
2 それはいいね。
3 はい，あなたはそうです。

解説 Let's 〜「いっしょに〜しましょう」と誘われたときの応答を選びます。Yes, let's.「そうしましょう」が基本的な答え方ですが，他にもOK〔All right, Sure〕.などいろいろな答え方があります。Good idea.はThat's a good idea.を短くしたもので，相手の考えに同意するときの表現です。

No. 5 解答 3

Which pencil is yours?
1 It's nice.
2 At the station.
3 The long one.

どちらの鉛筆があなたのものですか。
1 それはいいですね。
2 駅で。
3 長いのです。

解説 質問文は「どちらの鉛筆（Which pencil）があなたの鉛筆ですか」と同じことばを繰り返さないように，your pencilをyours「あなたのもの」としています。答えるときもpencilを繰り返さずにone「もの」を使います。

No. 6 解答 2

How much is that green cap?
1 There are nine students.
2 It's seven dollars.
3 It's eight years old.

あの緑の帽子はいくらですか。
1 9人の生徒がいます。
2 7ドルです。
3 8歳です。

解説 最初のHow muchをしっかり聞き取るようにしましょう。How「どのくらい」は他のことばと組み合わせていろいろな質問が作れます。much「たくさん（の）」と合わせると，数えられないものの量をたずねて「どのくらいたくさん」や，値段をたずねて「いくら」の意味になります。したがって，金額を答えている**2**が正解です。

No. 7　解答 2

Is this your bag? It's nice.
1 Me, too.
2 Thanks.
3 Yes, please.

これはあなたのかばん？　すてきね。
1 僕もだよ。
2 ありがとう。
3 はい，お願いします。

解説　Is this ～? と疑問文で始まっていますが，ここではそれに答えるのではなく，It's nice.「すてきですね」に対する応答を選びます。ほめられたときにはThank you.やThanks.とお礼を言います。Thanks.のほうがくだけた言い方です。

No. 8　解答 1

Dad, can I use your computer?
1 Sure.
2 You're right.
3 By train.

お父さん，お父さんのコンピューターを使ってもいい？
1 いいよ。
2 その通りだよ。
3 電車でだよ。

解説　最初のDadは「お父さん」という呼びかけです。続く部分で，can I ～?「～してもいいですか」と許可を求めています。答え方はYes, you can.の他，1のSure.やAll right.，Of course.などもあります。

No. 9　解答 1

Look at the flowers.
1 Oh, they're beautiful!
2 No, it isn't.
3 Yes, you can.

あの花を見て。
1 わあ，きれいだね！
2 いいえ，それは違います。
3 はい，あなたはできます。

解説　主語なしで動詞で文を始めると，「～しなさい」という命令の文になります。ここではlook「見る」という動詞で始まっているので「見てごらん」という意味です。これに対する応答としては，花の様子を述べている1が適切です。

No. 10　解答 3

Do you help your mother?
1 No, she isn't.
2 You're welcome.
3 Yes, sometimes.

あなたはお母さんを手伝いますか。
1 いいえ，彼女は違います。
2 どういたしまして。
3 はい，ときどき。

解説　Doで始まっている質問なのでYesかNoで答えます。helpは「助ける」だけでなく「手伝う」の意味もあるので，「ふだんお母さんのお手伝いをしていますか」の意味になります。「はい」と言ってからsometimes「ときどき」とつけ足しています。

No. 11　解答　**2**

★：My birthday is December 5th. When is yours, Jenny?
☆：It's October 14th.
Question：When is Jenny's birthday?

★：僕の誕生日は12月5日だよ。君のはいつ, ジェニー？
☆：10月14日よ。
質問：ジェニーの誕生日はいつですか。

1 10月5日。	**2** 10月14日。
3 12月5日。	**4** 12月14日。

解説　選択肢に並んでいる日付を見ながら, 会話を聞きましょう。質問は「ジェニーの誕生日はいつ？」なので, どちらがどちらの誕生日なのか混乱しないように気をつけましょう。yours「あなたのもの」はyour birthdayのことです。

No. 12　解答　**3**

☆：What time do you get up, Ken?
★：I get up at seven thirty.
Question：What time does Ken get up?

☆：何時に起きますか, ケン？
★：7時30分に起きます。
質問：ケンは何時に起きますか。

1 7時3分に。	**2** 7時13分に。
3 7時30分に。	**4** 7時33分に。

解説　What time「何時」の後にis it以外のことばが続いているときは「何時に～するのか」という質問です。答えるときは〔at＋時刻〕のセットで答えるのが基本です。thirteen「13」とthirty「30」は間違いやすく, よく出題されます。

No. 13　解答　**3**

★：I have a dog. Do you have any pets, Olivia?
☆：I have three cats.
Question：How many pets does Olivia have?

★：僕は犬を飼っているんだ。君は何かペットを飼っているかい, オリビア？
☆：私は3匹の猫を飼っているわ。
質問：オリビアはペットを何匹飼っていますか。

1 1匹。	**2** 2匹。
3 3匹。	**4** 4匹。

解説　選択肢には数を表すことばが並んでいます。おそらく質問はHow many ～?「いくつの～」だろうと予測して, 数に注意しながら会話を聞きましょう。Oliviaは女性の名前です。

No. 14　解答 4

☆：Is that blue bike yours, Ryota?

★：No, it isn't. Mine is white.

Question：What color is Ryota's bike?

☆：あの青い自転車はあなたのものです
か，リョウタ？

★：いいえ，違います。僕のものは白い
です。

質問：リョウタの自転車は何色ですか。

1 赤。　　　　　　　　　　**2** 青。

3 黒。　　　　　　　　　　**4** 白。

解説　最初の文の主語がthat blue bike「あの青い自転車は」と長いことに注意しましょう。
yoursは「あなたのもの」，mineは「私のもの」の意味です。「あの青い自転車はあなたの？」
にNoと答えているので，その後の文に正解があります。

No. 15　解答 2

☆：Can you ski, Michael?

★：No, I can't, Sophia. But my brother can
ski well.

Question：Who can ski well?

☆：スキーをすることができる，マイケ
ル？

★：ううん，できないよ，ソフィア。でも
僕の兄［弟］は上手にスキーをする
ことができるよ。

質問：だれがスキーを上手にできますか。

1 マイケル。

2 マイケルの兄［弟］。

3 ソフィア。

4 ソフィアの兄［弟］。

解説　選択肢に名前が並んでいます。どちらがMichaelでどちらがSophiaなのか，確認しな
がら聞きましょう。質問は「スキーを上手にできるのはだれ？」です。男性が言っているmy
brother can ski wellの my brotherがだれの兄弟のことなのか考えて正解を選びましょう。

No. 16　解答 3

1 Jim is cutting a pizza.	1 ジムはピザを切っています。
2 Jim is cutting a carrot.	2 ジムはニンジンを切っています。
3 Jim is cutting an apple.	3 ジムはリンゴを切っています。

解説 聞こえてくる3つの文の異なっている部分に注意しながら聞きましょう。母音で始まるappleのようなことばはanをつけた形での発音に慣れておきましょう。pizzaの発音も日本語とは少し違うので注意しましょう。

No. 17　解答 1

1 The children are running.	1 子どもたちは走っています。
2 The children are sitting.	2 子どもたちは座っています。
3 The children are skating.	3 子どもたちはスケートをしています。

解説 「今~しているところだ」は〔am〔is, are〕+~ing〕の形で表します。ここでは主語がThe children「子どもたち」と複数なのでare ~ingになります。3つの選択肢で異なるのは文末の~ingの部分だけなので，~ingの部分を集中して聞き取るようにしましょう。

No. 18　解答 2

1 It's seven fifteen.	1 7時15分です。
2 It's seven twenty-five.	2 7時25分です。
3 It's seven thirty-five.	3 7時35分です。

解説 時計の示している時刻を正しく表している文を選びます。時刻を述べるときはIt is〔It's〕で始めます。「○時△分」は"○△"と数字だけを並べればいいので，とても簡単です。ここでは分の部分の数字に注意して聞きましょう。

No. 19　解答 1

1 Steve can play the violin.	1 スティーブはバイオリンを弾くことができます。
2 Steve can play the drums.	2 スティーブはドラムを演奏することができます。
3 Steve can play the flute.	3 スティーブはフルートを吹くことができます。

解説 各文の最後に注意して，イラストが表している楽器の名前を聞き取りましょう。violinは後ろの部分を強く発音するので注意が必要です。

No. 20 解答 1

1 A picture is on the wall.	**1** 1枚の絵が壁に掛かっています。
2 A picture is under the table.	**2** 1枚の絵がテーブルの下にあります。
3 A picture is on the bed.	**3** 1枚の絵がベッドの上にあります。

解説 絵がある位置を表す文を選択します。場所を表すことばはよく出題されるので，特にin，on，by，under，nearを確認しておきましょう。on ～は「～の上に」に限らず「～に接している」状態を表すことばなので，「壁に掛かっている」も on になります。

No. 21 解答 1

1 Ms. Smith is at the airport.	**1** スミスさんは空港にいます。
2 Ms. Smith is at the zoo.	**2** スミスさんは動物園にいます。
3 Ms. Smith is at the library.	**3** スミスさんは図書館にいます。

解説 背景の絵を見て，そこがどこなのか判断します。飛行機が見えるので空港だとわかります。この他，station「駅」，hospital「病院」なども覚えておきましょう。Ms. は女性の名字または〔名前＋名字〕につけて「～さん，～先生」を表すことばです。

No. 22 解答 2

1 My aunt is a teacher.	**1** 私のおばは教師です。
2 My aunt is a taxi driver.	**2** 私のおばはタクシーの運転手です。
3 My aunt is a doctor.	**3** 私のおばは医者です。

解説 aunt「おば」の職業について話しています。聞こえてくるのはなじみのある基本的なことばばかりです。この他，pilot「パイロット」，nurse「看護師」，bus driver「バスの運転手」，firefighter「消防士」，police officer「警察官」などもチェックしておきましょう。

No. 23 解答 2

1 Don't run here.	**1** ここで走ってはいけません。
2 Don't take pictures here.	**2** ここで写真を撮ってはいけません。
3 Don't eat here.	**3** ここで食べてはいけません。

解説 どの文もDon'tで始まっています。英語の文はふつう主語で始まりますが，主語なしで動詞から始めると「～しなさい」という命令になります。その前にDon'tがつくと禁止の命令「～してはいけません」になります。take picturesはtake a picture「写真を撮る」のa pictureが複数形になった形です。hereは「ここで」の意味です。

No. 24　解答 2

1 The box is five kilograms.
2 The box is ten kilograms.
3 The box is fifteen kilograms.

1 その箱は5キログラムです。
2 その箱は10キログラムです。
3 その箱は15キログラムです。

解説 箱の重さを正しく述べている文を選びます。絵に描かれている数字を聞き逃さないように注意しましょう。

No. 25　解答 3

1 Jacob is reading a book.
2 Jacob is watching TV.
3 Jacob is listening to music.

1 ジェイコブは本を読んでいます。
2 ジェイコブはテレビを見ています。
3 ジェイコブは音楽を聞いています。

解説 人物がしていることを表すときは，〔○○ is ＋ ～ing〕の形を使います。「聞く」を表すことばにhearとlistenがありますが，hearは自然に耳に入ってくる「聞こえる」を，listenは耳を澄まして「聞く」を表します。listen to ～ とセットにして覚えましょう。

筆記試験＆リスニングテスト
解答と解説

問題編 p.38〜47

筆記

1

問題	1	2	3	4	5	6	7	8	9	10	11	12	13	14	15
解答	4	1	1	2	3	1	4	4	3	3	1	3	2	3	4

2

問題	16	17	18	19	20
解答	1	3	1	4	4

3

問題	21	22	23	24	25
解答	2	1	2	2	1

リスニング

第1部

問題	1	2	3	4	5	6	7	8	9	10
解答	3	3	2	3	2	2	1	2	2	2

第2部

問題	11	12	13	14	15
解答	2	2	4	4	4

第3部

問題	16	17	18	19	20	21	22	23	24	25
解答	3	2	3	1	2	1	2	3	1	1

Day 5

1

(1) 解答 4
「今年の冬，大阪はとても寒いです」
1 大きい　　　　　**2** 赤い
3 （幅などが）広い　**4** 寒い

解説　このItは話題になっている何かをさす「それ」の意味ではなく，天気や時刻を述べる文の主語に使うものです。this winterとあるので，（　　）にふさわしい語は**4**のcoldだとわかります。

(2) 解答 1
「私の母はたいていスーパーマーケットまで歩きます」
1 歩く　　　　　　**2** 始める
3 滞在する　　　　**4** 踊る

解説　適切な動詞を選ぶ問題です。（　　）の後のtoに注目します。to 〜「〜へ」は方向や目的地を表します。（　　）にwalksを入れると「〜へ歩く，歩いて〜へ行く」の意味になり，自然な文になります。

(3) 解答 1
A「あなたのいちばん好きな食べ物は何ですか」
B「ハンバーガーが好きです」
1 食べ物　　　　　**2** 動物
3 歌　　　　　　　**4** コイン

解説　favoriteは「いちばん好きな」の意味です。Bはhamburgers「ハンバーガー」と答えているので，食べ物についての話だと判断でき，**1**のfoodが正解になります。

(4) 解答 **2**

A「あなたたちは公園でバスケットボールをするのですか」

B「いいえ，違います。私たちは学校の体育館を使います」

1 病院　　　　　2 体育館

3 午後　　　　　4 歯

解説 「公園ではバスケットボールをしない」と言って，「学校の〜を使う」と続いています。学校にあり，バスケットボールをするのにふさわしい場所を考えると，gym「体育館」が正解だとわかります。

(5) 解答 **3**

A「バスは何時に来ますか」

B「8時15分です」

1 切る　　　　　2 助ける

3 来る　　　　　4 ペンキを塗る

解説 What time「何時」という質問の中で，busと自然に結びつく動詞を考えると，comeがふさわしいとわかります。paintは「ペンキを塗る」の他に，絵の具で絵を「描く」の意味にもなります。

(6) 解答 **1**

A「お茶はいかがですか」

B「いいえ，結構です。水だけお願いします」

1 水　　　　　　2 店

3 ドア　　　　　4 テーブル

解説 Do you want 〜?「あなたは〜がほしいですか」は「〜はいかがですか」と何かを勧めるときにも使われます。ほしいときはYes, please.，いらないときはNo, thank you [thanks].と言います。お茶はいらないと言ったうえで「〜だけお願いします」と頼むのに適切なものを選びましょう。

(7) 解答 **4**

「私のおばは黒い髪をしています。それは美しいです」

1 親切な　　　　2 近い

3 くもった　　　4 美しい

解説 2つ目の文のIt'sはIt isの短縮形で，このIt「それ」は前の文のblack hairのことです。髪の毛の説明として適当なものを選択しましょう。

(8) 解答 **4**

「お腹がすいているので，私たちはレストランを探しています」

1 〜の下に

2 〜の上に

3 外に

4 （look for 〜 で）〜を探す

解説 look「見る」はlook at 〜「〜を見る」の形がよく使われますが，look for 〜「〜を探す」もとても大事な表現です。（　）にforを入れると，「お腹がすいているのでレストランを探している」という自然な文になります。

(9) 解答 **3**

A「身長はどのくらいですか，アダム」

B「168センチメートルくらいです」

1 遅い

2 すばらしい

3 （How tall 〜? で）身長［高さ］はどのくらいですか

4 古い

解説 Bがabout 168 centimeters「168センチメートルくらい」と答えているので，AはBの身長をたずねていることがわかります。身長や細長く立っているものの高さをたずねる表現はHow tall 〜?です。〔about＋数〕は「およそ〜」の意味です。

(10) 解答 **3**

「コウタはサッカーの練習の後にシャワーを浴びます」

1 作る

2 （ブラシで）磨く

3 （take a shower で）シャワーを浴びる

4 書く

解説 a shower「シャワー」は動詞takeと

合わせて使うのが基本です。同様にa bath「風呂」も take a bath「風呂に入る」と言います。このように，決まった組み合わせで使うことばは全体を丸ごと覚えておきましょう。

(11) 解答 1

A「アレン，本を読むのは好き？」
B「うん，僕はたくさんの本を持っているよ」

1 （a lot of ～ で）たくさんの～
2 カップ
3 グラス
4 日記

解説 （　）の前のaと後ろのofに注目して，a lot of ～「たくさんの～」という表現を作ります。a lot ofは数えられるものと数えられないもののどちらにも使えるので，many と much の両方の代わりになれます。

(12) 解答 3

「ベンはミルクが好きではありませんが，彼の父親はいつも夜にそれを飲みます」

1 ～へ
2 ～の
3 （at night で）夜に
4 ～について

解説 morning, afternoon, evening は in the morning「朝［午前中］に」のように in the をつけて使います。それに対して night は at night「夜に」の形になるので注意しましょう。

(13) 解答 2

A「あれらの子どもたちはだれですか」

B「彼［彼女］らは私のクラスメートです」

1 私たちは
2 彼［彼女］らは
3 あなた（たち）は
4 それは

解説 Who「だれ」と聞かれたら，その人の名前か，自分との関係を答えます。答えるときは前のことばをheやsheなどの代名詞に言いかえるのが決まりです。ここでは those children なので「彼［彼女］ら」に当たる They を選びます。

(14) 解答 3

A「どちらの車があなたのものですか，白いのですか，それとも青いのですか」
B「青いのです」

1 いつ
2 どのように
3 どちらの
4 だれの

解説 Aの the white one or the blue one「白いのか，それとも青いのか」の部分に注目しましょう。which は「どちら」とたずねることばですが，Which ～, ○ or △? の形で「○か△かどちらですか」の意味になります。また one は car をさし，car ということばの繰り返しをさけるために使われています。

(15) 解答 4

A「リサはピアニストですか」
B「はい，そうです」

解説 Bが Yes, she is. と答えていることから，Aの文は Is ～? の形の疑問文であることがわかります。

(16) 解答 **1**

父親「私のめがねはどこにある？」
女の子「テーブルの上よ，お父さん」

1 私のめがねはどこにある？

2 あなたはいつ行くの？

3 あれは何なの？

4 元気かい？

解説 女の子がon the table「テーブルの上」と場所を答えているので，whereを使って場所をたずねている**1**が正解です。glassは「ガラス，コップ」の意味ですが，glassesと複数形になると「めがね」の意味にもなります。

(17) 解答 **3**

女の子「これはあなたへのプレゼントよ」
男の子「どうもありがとう」

1 それは簡単だよ。

2 うん，そうしよう。

3 どうもありがとう。

4 それは僕の宿題だよ。

解説 プレゼントをもらったときの応答なので，お礼を言うのが自然です。**2**はLet's ～.「～しよう」と誘われたときに答える表現です。

(18) 解答 **1**

男の子1「フランス語を勉強しますか，ビル」
男の子2「はい，します」

1 はい，します。

2 それは僕のものです。

3 はい，（あなたは）そうです。

4 僕は大丈夫です。

解説 Do you study ～?と聞かれているので，Yes, I do. か No, I don't. で答えます。疑問文に対する答え方は疑問文の最初の部分（Do, Are, Can, Whatなど）にヒントがあるので，疑問文がどんな語で始まっているかに注意しましょう。

(19) 解答 **4**

父親「バターを取ってくれるかい」
男の子「はい，どうぞ」

1 1つ持っているよ。

2 金曜日だよ。

3 うん，彼はできるよ。

4 はい，どうぞ。

解説 Pass me ～, please.は「私に～を取ってください」と言うときの表現です。命令文ですが，pleaseがつくとていねいな言い方になります。Here you are.は，相手に物を差し出すときの表現です。

(20) 解答 **4**

母親「昼食は何がいい，ルーカス？」
男の子「サンドイッチがいいな」

1 それはノートだよ。

2 おもしろくないね。

3 あなたは大丈夫です。

4 サンドイッチがいいな。

解説 What do you want「あなたは何がほしい」かと聞かれているので，「私は～がほしい」に当たる応答を選びます。for lunchは「昼食に」の意味です。

(21) 解答 **2**

正しい語順 This (**dog is five years**) old.

解説 「〜歳」という年齢は〔数字＋years old〕と言います。five years old で「5歳」です。1歳のときは one year old と year に s がつかないので注意しましょう。

(22) 解答 **1**

正しい語順 （**What's the date** today）?

解説 What's the date today? は日付をたずねるときの決まった言い方です。丸ごと覚えておきましょう。

(23) 解答 **2**

正しい語順 Tom, (**it's time for** breakfast).

解説 時間を表す場合は, 主語に it を使います。「〜の時間です」は It's time for 〜. で表します。ひとまとめにして覚えましょう。

(24) 解答 **2**

正しい語順 Greg (**isn't a good tennis player**).

解説 「テニスが上手ではない」を「上手なテニス選手(a good tennis player)ではない」という形で表現します。完成した文は Greg doesn't play tennis well. と同じ意味を表せます。

(25) 解答 **1**

正しい語順 （**Does Carter play the drums**) well?

解説 まず, 主語と動詞を見つけましょう。主語は Carter で動詞は play です。疑問文なので, 主語の前に does を置きます。「楽器を演奏する」は〔play the ＋楽器名〕とします。

Listening Test

No. 1 　解答 3

What time do you go to bed?	何時に寝るの？
1 Good evening.	**1** こんばんは。
2 At home.	**2** 家で。
3 At 9:30.	**3** 9時30分よ。

解説 What time ～?は「何時」と時刻をたずねる疑問文です。したがって，時刻を答えている**3**が正解です。go to bedは「寝る」という意味です。

No. 2 　解答 3

Do you want some milk?	ミルクを飲む？
1 You're fine.	**1** あなたは大丈夫です。
2 See you later.	**2** また後で会いましょう。
3 Yes, please.	**3** はい，ください。

解説 Do you want ～?は「～はいかがですか」とたずねる表現です。ほしいときにはYes, please. などと答えます。ほしくないときはNo, thank you［thanks］. と言います。

No. 3 　解答 2

Let's go fishing today.	今日，魚釣りに行きましょうよ。
1 It's Monday.	**1** 月曜日だよ。
2 Good idea.	**2** いい考えだね。
3 Yes, they are.	**3** うん，彼［彼女］らはそうだよ。

解説 〔Let's ＋動詞の原形〕は「～しましょう」と相手を誘うときの表現です。正解の**2**の他に OK. や Sounds good. 「いいね」などで答えます。〔go ＋～ing〕は「～しに行く」という意味です。

No. 4 　解答 3

Who is that woman?	あの女性はだれですか。
1 She is studying.	**1** 彼女は勉強しているわ。
2 She is pretty.	**2** 彼女はかわいいですね。
3 She is Ms. Brown.	**3** 彼女はブラウンさんよ。

解説 疑問詞who「だれ」を聞き逃さないようにしましょう。Who「だれ？」と聞かれたら，名前か自分との関係などを答えます。**2**のprettyは「かわいい」で，質問の応答になっていません。

No. 5　解答 2

Can you play badminton, Bob?	バドミントンはできる，ボブ？
1 It's my ball.	**1** それは僕のボールだよ。
2 Yes, I can.	**2** うん，できるよ。
3 I'm busy.	**3** 僕は忙しいよ。

解説　Can you ～?「～することができますか」と聞かれているので，Yes か No で答えます。できる場合は **2** の Yes, I can.，できない場合は No, I can't. となります。

No. 6　解答 2

What are you doing, Tom?	何をしているの，トム？
1 I'm home.	**1** 家にいるよ。
2 I'm reading a comic book.	**2** マンガを読んでいるんだ。
3 It's over there.	**3** あそこだよ。

解説　女の子は What「何」を使って男の子がしていることを聞いています。〔be 動詞＋～ing〕は「～をしているところだ」の意味で，疑問文なので are you doing の語順になっています。これにふさわしい応答は「～しているところだ」と言っている **2** になります。

No. 7　解答 1

How long is the pool?	そのプールはどのくらいの長さですか。
1 It's twenty-five meters.	**1** 25メートルです。
2 About three o'clock.	**2** 3時ごろです。
3 In the park.	**3** 公園の中です。

解説　How long ～? は「～はどのくらいの長さですか」という意味です。したがって長さを答えている **1** が正解です。It's twenty-five meters <u>long</u>. と long をつけることもできます。How はこの他にも How old ～? で年齢を，How much ～? で値段をたずねるなど，さまざまな質問に使います。

No. 8　解答 2

Hi, Mary. How are you?	こんにちは，メアリー。元気？
1 At lunch.	**1** 昼食のときに。
2 Fine, thank you.	**2** 元気よ，ありがとう。
3 Sure.	**3** いいですよ。

解説　How are you? は「お元気ですか」と調子をたずねる表現です。元気な場合は，fine, good, great, very well などと答えます。How are you? の代わりに How are you doing? や How's it going? などと聞くこともできます。

No. 9　解答 2

Can I use your dictionary?
1 That's all.
2 Yes, of course.
3 Yes, it is.

あなたの辞書を使ってもいいですか。
1 以上です。
2 もちろん，いいですよ。
3 はい，それはそうです。

解説 Can I ～?で「～してもいいですか」とたずねる表現です。「いいですよ」と答えるときは，Yes, of course.やSure.などと言います。「だめです」と答えるときは，No, you can't.などと言います。

No. 10　解答 2

Which do you want, tea or coffee?
1 Here you are.
2 Coffee, please.
3 Me, too.

紅茶とコーヒー，どちらになさいますか。
1 はい，どうぞ。
2 コーヒーをお願いします。
3 私もです。

解説 tea or coffee「紅茶かコーヒーかどちら」と聞かれているので，どちらかを答えます。Here you are.は相手に何かを差し出すときに「はい，どうぞ」という意味で使います。

第2部　◀)) 068～073　★＝男性，☆＝女性

No. 11　解答 2

☆：Do you study English every day, Ken?
★：Yes, I study English for two hours.
Question：How long does Ken study English every day?

☆：あなたは毎日英語を勉強しますか，ケン？
★：はい，2時間英語を勉強します。
質問：ケンは毎日どのくらい英語を勉強しますか。

1 1時間。　　2 2時間。　　3 3時間。　　4 4時間。

解説 女の子がKenと呼びかけているので，答えているのはKenであるとわかります。How long ～?「どのくらい長く」には〔for＋時間［期間］〕の形で答えます。数字をしっかり聞き取ることがポイントです。forとfourを混同しないように気をつけましょう。hourの読み方にも注意しましょう。

No. 12　解答　2

★：Betty, does your mother play golf?
☆：No, but she plays tennis.
Question：What sport does Betty's mother play?

★：ベティ，君のお母さんはゴルフをする？
☆：ううん，でもテニスはするわ。
質問：ベティの母親は何のスポーツをしますか。

1 野球。　　　　　**2** テニス。　　　　**3** サッカー。　　**4** ゴルフ。

解説　選択肢から，スポーツについて聞かれる問題だと考えます。your motherはベティの母親のことです。golfをするかと聞かれて，No, but ～「ううん，でも～」の後に she plays tennis「テニスをする」と答えています。

No. 13　解答　4

★：How does your father go to work, Ellen?
☆：By bike.
Question：How does Ellen's father go to work?

★：君のお父さんはどうやって通勤しているの，エレン？
☆：自転車でよ。
質問：どうやってエレンの父親は通勤していますか。

1 電車で。　　　　**2** バスで。　　　　**3** 徒歩で。　　**4** 自転車で。

解説　Howは「どのようにして」と手段や方法を問うときに使われます。go to workは「仕事に行く」という意味です。交通手段は〔by＋乗り物〕で表します。on footは「徒歩で」という意味です。

No. 14　解答　4

☆：Hello. This is Kate. Is John at home?
★：Sorry, he's at the park.
Question：Where is John now?

☆：もしもし。ケイトです。ジョンは家にいますか。
★：ごめんなさい，彼は公園にいます。
質問：ジョンは今どこにいますか。

1 家に。　　　　　　　　　　　**2** 学校に。
3 ケイトの家に。　　　　　　　　**4** 公園に。

解説　電話での会話です。「Johnは家にいますか」に対して男性はSorry「ごめんなさい」と言っています。Noとは言っていませんが，SorryからJohnは家にいないことが推測できます。そして男性はhe's at the park「公園にいます」と続けています。

No. 15 解答 **4**

☆：I usually do my homework before dinner.
　　How about you, Masao?
★：I do it after dinner.
Question：When does Masao do his homework?

☆：私はたいてい夕食前に宿題をするわ。
　　あなたはどう，マサオ？
★：僕は夕食後にするよ。
質問：マサオはいつ宿題をしますか。

1 朝食前。
3 朝食後。

2 夕食前。
4 夕食後。

解説　do my homework は「宿題をする」の意味です。How about you? は「あなたはどうですか」を表します。女性はbefore dinner と言っていますが，マサオはafter dinner と言っているので，**4**が正解です。

第3部　🔊074～084

No. 16　解答 **3**

1 The cat is under the desk.
2 The cat is on the desk.
3 The cat is by the desk.

1 猫は机の下にいます。
2 猫は机の上にいます。
3 猫は机のそばにいます。

解説　猫と机の位置関係に注目します。by は「～のそばに」という意味です。**1**の under「～の下に」，**2**の on「～の上に」もまとめて覚えておきましょう。be動詞（ここではis）には「～です」の他に「います［あります］」という意味があります。

No. 17　解答 **2**

1 Bill is buying cucumbers.
2 Bill is buying tomatoes.
3 Bill is buying onions.

1 ビルはキュウリを買っています。
2 ビルはトマトを買っています。
3 ビルはタマネギを買っています。

解説　それぞれの選択肢の最後のことば，cucumbers「キュウリ」，tomatoes「トマト」，onions「タマネギ」（いずれも複数形）に注意して聞きましょう。tomato と onion はカタカナ語の「トマト」「オニオン」と発音が大きく異なるので，注意が必要です。

No. 18　解答 **3**

1 John is playing the piano.
2 John is playing the flute.
3 John is playing the guitar.

1 ジョンはピアノを弾いています。
2 ジョンはフルートを吹いています。
3 ジョンはギターを弾いています。

解説　イラストの男の子が何を演奏しているかに注目します。イラストに描かれているのは guitar「ギター」なので**3**が正解です。この play は「（楽器を）演奏する」という意味で，〔play the ＋楽器名〕の形で使います。

No. 19 　解答 1

1 This is Tom's camera.	**1** これはトムのカメラです。
2 This is Tom's book.	**2** これはトムの本です。
3 This is Tom's umbrella.	**3** これはトムのかさです

解説 それぞれの選択肢の最後のことば，camera「カメラ」，book「本」，umbrella「かさ」に注意しましょう。cameraは日本語と発音が違うことにも気をつけます。Tom's 〜は「トムの〜」という意味です。

No. 20 　解答 2

1 It's October second.	**1** 10月2日です。
2 It's October twelfth.	**2** 10月12日です。
3 It's October twentieth.	**3** 10月20日です。

解説 日付は順序を表すことばを使って言います。first「1番目，1日」からthirty-first「31番目，31日」まで，つづりと発音をていねいに確認し，正確に聞き取れるようにしておきましょう。特に12日と20日はとてもまぎらわしいので注意しましょう。

No. 21 　解答 1

1 These shoes are 65 dollars.	**1** このくつは65ドルです。
2 These shoes are 67 dollars.	**2** このくつは67ドルです。
3 These shoes are 75 dollars.	**3** このくつは75ドルです。

解説 数字を聞き取る問題です。sixty-five, sixty-seven, seventy-fiveとまぎらわしいですが，数字の読み方はふだんからしっかり練習しておきましょう。dollar(s)「ドル」の発音は日本語とはかなり異なるので，注意しましょう。

No. 22 　解答 2

1 Jane is selling a picture.	**1** ジェーンは絵［写真］を売っています。
2 Jane is painting a picture.	**2** ジェーンは絵を描いています。
3 Jane is taking a picture.	**3** ジェーンは写真を撮っています。

解説 イラストの女の子は絵を描いているので，**2**が正解です。paintは絵の具を使って「描く」場合に使います。なお，pictureには「絵」と「写真」の2つの意味があります。

No. 23 　解答 **3**

1 Jim has breakfast at 6:20.
2 Jim listens to music at 6:20.
3 Jim gets up at 6:20.

1 ジムは6時20分に朝食を食べます。
2 ジムは6時20分に音楽を聞きます。
3 ジムは6時20分に起きます。

解説 時刻ではなく，男の子が何をするのかを選びます。主語Jimに合わせて動詞にsがついていることに気をつけましょう。haveはhasになっています。get up「起きる」はgets upとなり，かなり元と違って聞こえます。go to bed「寝る」もいっしょに覚えておきましょう。

No. 24 　解答 **1**

1 It's sunny.
2 It's rainy.
3 It's cloudy.

1 晴れです。
2 雨です。
3 くもりです。

解説 天気についての文はIt's〔It is〕～で始めます。イラストには太陽が描かれているので，1のIt's sunny.「晴れです」が正解です。

No. 25 　解答 **1**

1 Henry goes swimming every Saturday.
2 Henry goes fishing every Saturday.
3 Henry goes shopping every Saturday.

1 ヘンリーは毎週土曜日に泳ぎに行きます。
2 ヘンリーは毎週土曜日に釣りに行きます。
3 ヘンリーは毎週土曜日に買い物に行きます。

解説 〔go +～ing〕は「～しに行く」を表します。それぞれの選択肢の ～ingの部分に注意して聞き，イラストに合っているものを選びます。

筆記試験＆リスニングテスト
解答と解説

問題編 p.50～59

筆記

1

問題	1	2	3	4	5	6	7	8	9	10	11	12	13	14	15
解答	3	1	3	2	3	2	3	4	1	3	2	2	3	4	4

2

問題	16	17	18	19	20
解答	1	3	3	3	2

3

問題	21	22	23	24	25
解答	4	1	3	4	4

リスニング

第1部

問題	1	2	3	4	5	6	7	8	9	10
解答	2	3	1	3	3	1	2	1	2	2

第2部

問題	11	12	13	14	15
解答	1	4	1	2	2

第3部

問題	16	17	18	19	20	21	22	23	24	25
解答	2	1	3	2	1	2	3	2	3	1

1

(1) 解答 3
「サムはよく空港に行きます。彼は飛行機が大好きです」
1 山　**2** 海
3 空港　**4** カフェテリア
解説 サムはplane「飛行機（＝ airplane）」が大好きであることから，airportが正解とわかります。「場所」を表す名詞はよく出題されるので，station「駅」，gym「体育館」，post office「郵便局」，hospital「病院」などもおさえておきましょう。

(2) 解答 1
A「あなたは犬を飼っていますか」
B「はい。彼の名前はクロです」

1 名前　**2** 場所
3 美術　**4** 箱
解説 Kuroは大文字で始まっているので，人名や地名などだとわかります。ここでは（　）にnameを入れると，「彼（＝その犬）の名前はクロだ」となり，意味が通ります。

(3) 解答 3
A「わあ，あなたはとても速く走りますね」
B「ありがとう。走ることが好きなんです」
1 下へ　**2** 悪い
3 速く　**4** 1番目の
解説 run「走る」と関係のあることばを考えましょう。3のfastは「速い」の意味で使

37

う他,「速く」の意味にもなり, run と適切に結びつきます。4の first「1番目の」と混同しないように, つづりを確認しておきましょう。

(4) 解答 **2**

「私はよく図書館で宿題をします」

1 歌う
2 する
3 座る
4 歩く

解説 homework は「宿題」。「宿題をする」は do を使って表します。do my homework の形で覚えておきましょう。often は「しばしば, よく」の意味です。

(5) 解答 **3**

A「どうやって学校に行きますか, ジョン?」
B「電車で行きます」

1 黄色
2 地図
3 電車
4 電話

解説 How do you ～? は「あなたはどうやって～しますか」という意味の疑問文です。get to ～ は「～に到達する, 行きつく」の意味です。交通手段は〔by＋乗り物〕で表します。

(6) 解答 **2**

A「猫は居間にいるの, お母さん?」
B「いいえ。彼女はあなたの部屋で遊んでいるわ」

1 飛んでいる
2 遊んでいる
3 雪が降っている
4 開きつつある

解説 the cat「猫」が話題です。Bの言う She はその猫のことですから, 猫がすることを選びます。〔She's〔She is〕＋～ing〕は「彼女は(今)～しているところだ」の意味になります。

(7) 解答 **3**

「私の自転車は古いです。新しいのが必要です」

1 若い
2 小さい
3 新しい
4 暖かい

解説 bike は「自転車(=bicycle)」です。1文目の old「古い」と対になることばが( )に入ると考えられます。one は前に述べた名詞の代わりに使われることばで「もの」の意味です。ここでは bike の代わりになっています。

(8) 解答 **4**

「私のおじは東京に住んでいます。彼はときどき私の家に来ます」

1 ～に(時間), ～で(場所)
2 ～から
3 ～の上に
4 (live in ～ で) ～に住む

解説 場所に関する前置詞の問題です。live は「住む」という意味の動詞です。国や町に住んでいると言う場合は〔live in ＋場所〕で表します。at は in よりも狭い場所を示し, at the station「駅で」のように使います。

(9) 解答 **1**

A「あなたは週末に何をしますか」
B「私はたいてい買い物に行きます」

1 行く
2 持っている
3 閉める
4 取る

解説 動詞に関する問題です。〔go ＋～ing〕で「～しに行く」の意味になります。他にも go fishing「釣りをしに行く」や go swimming「泳ぎに行く」などがよく出題されます。on weekends「(毎)週末に」も覚えておきましょう。

(10) 解答 **3**

「私の祖父はよく私に本を買ってくれます」

1 ～の下に
2 ～の
3 ～のために
4 ～の中へ

解説 「人に物を買う」は言い方が2通りあります。〔buy＋人＋物〕と〔buy＋物＋for

＋人〕です。ここでは2番目の言い方を使って，buy books for me の形になります。

(11) 解答 **2**

A「立ち上がってその詩を読んでください，チャールズ」
B「はい，デイビス先生」
1 下へ
2 （stand up で）立ち上がる
3 上手に
4 〜も
解説 standは「立っている」という状態を表し，stand upとすると「立ち上がる」という動作を表します。反対の意味のsitは「座っている」，sit downで「腰を下ろす」になります。

(12) 解答 **2**

「サクラは朝にコップ1杯のミルクを飲みます」
1 手紙
2 コップ
3 時計
4 帽子
解説 glassは「（ガラス製の）コップ」です。ミルクなどの液体の量はa glass〔cup, bottle〕of 〜「コップ〔カップ，びん〕1杯〔本〕の〜」のように容器で表します。「コップ2杯のミルク」なら two glasses of milk です。

(13) 解答 **3**

A「今日は何曜日ですか」
B「月曜日です」
1 だれの
2 どこで
3 何
4 どのように
解説 BはMondayと「曜日」を答えているので，何曜日かをたずねる質問になります。What day of the week is it?「何曜日ですか」はよく出題される形なので，しっかり覚えておきましょう。

(14) 解答 **4**

A「コウジは毎朝新聞を読みますか」
B「はい，読みます」
解説 BがYes, he does.と答えていることから，質問がDoesで始まる疑問文であることがわかります。every morningは「毎朝」という意味です。

(15) 解答 **4**

A「ジョンソンさんはあなたの先生ですか」
B「はい，（彼女は）そうです」
1 それは
2 彼〔彼女〕らは，それらは
3 彼は
4 彼女は
解説 Mrs. Johnsonは女性ですからsheになります。Mrs. 〜は「〜夫人」の意味で，結婚している女性に使います。

2

(16) 解答 **1**

先生「だれがフルートを吹いていますか」
男の子「タロウが吹いています」
1 タロウが吹いています。
2 教室でです。
3 とてもおいしいです。
4 火曜日にです。
解説 Who is 〜ing?「だれが〜しています

か」とたずねているので，人について答えている文が正解です。Who is 〜?に対する答えにはTaro is.のようにisをつけるのが基本です。

(17) 解答 **3**

男の子「ジェーン，こちらは僕の友だちのマイケルだよ」

女の子「お会いできてうれしいです」
1 それはリンゴです。
2 手伝いましょうか。
3 お会いできてうれしいです。
4 それはカップです。

解説 this is ～「こちらは～です」と人を紹介している場面です。初対面のときのあいさつである Nice to meet you.「お会いできてうれしいです」はしっかり覚えておきましょう。

(18) 解答 **3**
男の子1「いつ勉強するの, ジャック？」
男の子2「夕食前だよ」
1 いいえ, 雨が降っているよ。
2 カレンダーの上にだよ。
3 夕食前だよ。
4 2時間だよ。

解説 When「いつ」と聞かれているので, いつなのかを述べている文が正解です。4の For two hours. は How long「どのくらいの間」に対する応答です。

(19) 解答 **3**
女の子「私には兄［弟］がいるの。あなたはどう？」
男の子「僕は2人の姉［妹］がいるよ」

1 あれは彼のものよ。
2 それはいいですか。
3 あなたはどう？
4 私はそれをできるわ。

解説 何かを述べた後に How about you? とたずねると, 同じ話題について「あなたの場合はどうですか」という質問になります。ここでは Do you have any brothers or sisters?「あなたは兄弟や姉妹がいますか」と聞くのと同じ働きをしています。

(20) 解答 **2**
男の子「かばんの中に何を入れているの？」
女の子「カメラとお弁当箱よ」

1 ええ, そうよ。
2 カメラとお弁当箱よ。
3 さようなら。
4 私は2つ持っているわ。

解説 What do you have ～?「あなたは何を持っていますか」に対する答えなので, 持っている「もの」を述べるのが適切です。4は two「2つ」と数を答えているので不適当です。2は I have a camera and a lunchbox. の I have を省略した形です。

3

(21) 解答 **4**
正しい語順 （Let's wash our hands before) dinner.
解説 「（いっしょに）～しましょう」は Let's ～. と言います。Let's の後には必ず動詞の原形が続きます。「夕食の前に」は before dinner です。

(22) 解答 **1**
正しい語順 （We don't know that) man.

解説 「私たちは～を知っています」は We know ～ですが, 「～を知りません」と否定文にするときは, 動詞 know の前に don't を置きます。

(23) 解答 **3**
正しい語順 （My father is practicing the guitar) in the bedroom.
解説 「～している」は現在進行形〔be 動詞＋～ing〕で表します。主語（My father）

に続けてbe動詞（is）を置き，practice「練習する」のing形を並べます。「（楽器）を弾く」をplay the 〜と言うのと同様，「（楽器）を練習する」もpractice the 〜と言います。

(24) 解答 4

正しい語順 （Whose English textbook is) this?

解説 「だれの」はwhoseです。Whose 〜 is this?で「これはだれの〜ですか」という

疑問文になります。この〜の部分にEnglish textbook「英語の教科書」を入れます。

(25) 解答 4

正しい語順 （Don't swim in this) river.

解説 主語を置かずに動詞の原形で文を始めると「〜しなさい」という命令になります。「〜してはいけません」と禁止を表す場合は〔Don't ＋ 動詞の原形〕の形になります。

Day
6

Listening Test

No. 1　解答 2

This is my new bike.	これは僕の新しい自転車なんだ。
1 Sometimes.	**1** ときどき。
2 It's nice.	**2** すてきね。
3 I think so.	**3** 私はそう思うわ。

解説　男の子が新しい自転車だと言うのを聞いた女の子が，それを見ながら何と言うかを考えます。自転車を it「それ」と言いかえている点に注意しましょう。

No. 2　解答 3

How much is this CD player?	このCDプレーヤーはいくらですか。
1 Yes, it is.	**1** はい，そうです。
2 You're welcome.	**2** どういたしまして。
3 It's sixty dollars.	**3** 60ドルです。

解説　How much 〜? は「いくらですか」と値段をたずねるときの表現です。値段を答えている **3** が正解で，It は this CD player をさしています。dollar「ドル」，yen「円」の発音にも慣れておきましょう。

No. 3　解答 1

What is your favorite sport?	あなたのいちばん好きなスポーツは何ですか。
1 It's soccer.	**1** サッカーです。
2 It's sunny.	**2** いい天気です。
3 I'm seven.	**3** 僕は7歳です。

解説　favorite は「いちばん好きな」の意味。「いちばん好きなスポーツは何か」と聞かれているので，スポーツ名を答えている文が正解です。

No. 4   解答 **3**

What are you doing, Mom?	何をしているの，お母さん？
1 Here you are.	**1** はい，どうぞ。
2 Every morning.	**2** 毎朝よ。
3 I'm cooking.	**3** 料理しているのよ。

解説　What are you doing? は「何をしているのですか」という意味です。したがって，〔be動詞 + ～ing〕の形で「～しているところだ」と答えている**3**が正解になります。

No. 5   解答 **3**

Excuse me. Are you Mr. Brown?	すみません。あなたはブラウンさんですか。
1 I live in Kyoto.	**1** 私は京都に住んでいます。
2 I'm hungry.	**2** 私はお腹がすいています。
3 Yes, I am.	**3** はい，そうです。

解説　Are you ～? 「あなたは～ですか」と聞かれているので，Yes, I am. 「はい，そうです」か No, I'm not. 「いいえ，違います」で答えます。

No. 6   解答 **1**

How many pens do you have?	君はペンを何本持っているの？
1 I have seven.	**1** 7本よ。
2 It's new.	**2** それは新しいわ。
3 In the shop.	**3** お店でね。

解説　How many ～? は「いくつの～？」という意味で，数をたずねるときの表現です。seven「7本」と数を答えている**1**が正解です。How many の後は pens のように必ず複数形にすることも覚えておきましょう。

No. 7   解答 **2**

Is Mrs. White your English teacher?	ホワイトさんはあなたの英語の先生なの？
1 No, you can't.	**1** いや，あなたはできないよ。
2 Yes, she is.	**2** うん，（彼女は）そうだよ。
3 Yes, he does.	**3** うん，（彼は）するよ。

解説　Is ～? という質問に対しては Yes, ～ is. や No, ～ isn't. で答えます。Mrs. は結婚している女性の名前につけることばなので，Mrs. White は女性です。したがって**2**の Yes, she is. が正解です。

No. 8　解答 1

Do you like music?
1 Yes, I do.
2 Me, too.
3 It's a violin.

あなたは音楽が好きですか。
1 はい，好きです。
2 私もです。
3 それはバイオリンです。

解説　Do you 〜?の形で聞かれているので，Yes, I do. か No, I don't. で答えます。music「音楽」ということばにつられて violin「バイオリン」が含まれる**3**を選ばないように注意しましょう。

No. 9　解答 2

Can I have the sugar?
1 You're fine.
2 Here you are.
3 I can cook.

砂糖を取ってもらえますか。
1 あなたは大丈夫です。
2 はい，どうぞ。
3 僕は料理ができます。

解説　can は「〜できる」という意味ですが，Can I have 〜?は「〜をもらえますか」と相手に頼む表現になります。Here you are.「はい，どうぞ」は物を手渡したり差し出したりするときの表現です。

No. 10　解答 2

Happy birthday, Tom.
1 You're welcome.
2 Thank you.
3 It's mine.

お誕生日おめでとう，トム。
1 どういたしまして。
2 ありがとう。
3 それは僕のものだよ。

解説　Happy birthday「お誕生日おめでとう」というお祝いのことばに対する応答なので，**2**の Thank you.「ありがとう」が適切です。**1**の You're welcome.「どういたしまして」は Thank you. に対する応答です。

No. 11　解答　**1**

☆：Can you ski, Mike?	☆：あなたはスキーができる，マイク？
★：No, I can't, Susan. But I can ice-skate very well.	★：いいや，できないよ，スーザン。でも，アイススケートはとても上手にできるよ。
Question：Who is a good ice-skater?	**質問**：だれが上手なアイススケーターですか。

1 マイク。　　　　　　　　　　　**2** スーザン。
3 マイクのおじ。　　　　　　　　**4** スーザンのおじ。

解説　男性（Mike）がI can ice-skate very well. と言っていることから**1**が正解です。Mikeはice-skateという動詞を，質問はice-skaterという名詞を使っている点に注意しましょう。

No. 12　解答　**4**

☆：What time do you go to bed, Bill?	☆：あなたは何時に寝るのですか，ビル？
★：I usually take a bath at nine and go to bed at ten.	★：僕はたいてい9時にお風呂に入って10時に寝ます。
Question：What time does Bill go to bed?	**質問**：ビルは何時に寝ますか。

1 7時に。　　　　　　　　　　　**2** 8時に。
3 9時に。　　　　　　　　　　　**4** 10時に。

解説　What time do you ～?は「あなたは何時に～するのですか」とたずねる疑問文です。男性（Bill）はお風呂に入る時間と寝る時間を述べているので，お風呂に入る時間（9時）と間違えないように注意しましょう。

No. 13　解答　**1**

★：Do you like tennis, Rose?	★：あなたはテニスが好きですか，ローズ。
☆：Yes, I play tennis with my brother every Sunday.	☆：はい，私は兄［弟］と毎週日曜日にテニスをします。
Question：What sport does Rose like?	**質問**：ローズは何のスポーツが好きですか。

1 テニス。　　　　　　　　　　　**2** サッカー。
3 野球。　　　　　　　　　　　　**4** ゴルフ。

解説　「テニスが好きですか」という質問に対してYesと答えているので，ローズが好きなスポーツはテニスとわかります。

No. 14 解答 **2**

☆：Hi, John. Do you often come to this gym?

★：Yes, every Wednesday.

Question：When does John go to the gym?

☆：こんにちは，ジョン。あなたはよくこの体育館^{たいいくかん}に来る^くの？

★：はい，毎週水曜日^{まいしゅうすいようび}に来ます^き。

質問^{しつもん}：いつジョンは体育館^{たいいくかん}に行き^いますか。

1 毎週火曜日^{まいしゅうかようび}。
2 毎週水曜日^{まいしゅうすいようび}。
3 毎週木曜日^{まいしゅうもくようび}。
4 毎日^{まいにち}。

解説　曜日名^{ようびめい}はよく出題^{しゅつだい}されるので，しっかり聞き取れる^{き と}ようにしておきましょう。今^{いま}この2人^{ふたり}は体育館^{たいいくかん}で話^{はな}しているので come to this gym「この体育館^{たいいくかん}に来る^く」と言^いっていますが，質問^{しつもん}では go to the gym「その体育館^{たいいくかん}に行く^い」と言^いいかえられています。

No. 15 解答 **2**

★：Mom, where's my lunchbox?

☆：It's in the kitchen, Ken.

Question：Where is Ken's lunchbox?

★：お母^{かあ}さん，僕^{ぼく}のお弁当箱^{べんとうばこ}はどこ？

☆：台所^{だいどころ}にあるわよ，ケン。

質問^{しつもん}：ケンのお弁当箱^{べんとうばこ}はどこにありますか。

1 彼^{かれ}のベッドの上^{うえ}。
2 台所^{だいどころ}。
3 学校^{がっこう}。
4 机^{つくえ}の下^{した}。

解説　質問^{しつもん}の Where is Ken's lunchbox は，会話^{かいわ}の中^{なか}で男^{おとこ}の子^こ（Ken）が言^いっている where's my lunchbox と同^{おな}じ内容^{ないよう}です。女性^{じょせい}（母親^{ははおや}）の返事^{へんじ}に正解^{せいかい}が含^{ふく}まれます。

第3部^{だいぶ} 🔊102〜112

No. 16 解答 **2**

1 It's June fifteenth.
2 It's July fifteenth.
3 It's August fifteenth.

1 6月^{がつ}15日^{にち}です。
2 7月^{がつ}15日^{にち}です。
3 8月^{がつ}15日^{にち}です。

解説　月^{つき}の名前^{なまえ}はよく出題^{しゅつだい}されるので，正^{ただ}しく聞き取れる^{き と}よう全部^{ぜんぶ}しっかりと覚^{おぼ}えておきましょう。特^{とく}に June「6月^{がつ}」と July「7月^{がつ}」は混同^{こんどう}しやすいので，注意^{ちゅうい}が必要^{ひつよう}です。

No. 17　解答　1

1 Your bag is on the desk.	**1** あなたのかばんは机の上にあります。
2 Your bag is in the desk.	**2** あなたのかばんは机の中にあります。
3 Your bag is under the desk.	**3** あなたのかばんは机の下にあります。

解説 場所を表すことばについての問題です。in「〜の中に」，on「〜の上に」，under「〜の下に」，by「〜のそばに」などを，しっかり覚えておきましょう。isはここでは「〜があります」という意味です。

No. 18　解答　3

1 Emily is eating dinner.	**1** エミリーは夕食を食べています。
2 Emily is washing the dishes.	**2** エミリーはお皿を洗っています。
3 Emily is cooking dinner.	**3** エミリーは夕食を作っています。

解説 英文は3つとも〔is＋〜ing〕「〜しているところだ」の形です。〜ingの部分を集中して聞き取るようにします。**1**と**3**にdinnerという語が出てきますが，食べているわけではないので**1**は誤りです。

No. 19　解答　2

1 The T-shirt is 80 dollars.	**1** Tシャツは80ドルです。
2 The jacket is 80 dollars.	**2** ジャケットは80ドルです。
3 The sweater is 80 dollars.	**3** セーターは80ドルです。

解説 絵に描かれている衣類が何であるかを聞き取ります。T-shirt「Tシャツ」，jacket「ジャケット」，sweater「セーター」はどれもカタカナ語になっていますが，英語の正しい発音に慣れておくことが大切です。

No. 20　解答　1

1 Nancy is reading a book in the library.	**1** ナンシーは図書館で本を読んでいます。
2 Nancy is reading a book in the park.	**2** ナンシーは公園で本を読んでいます。
3 Nancy is reading a book in the gym.	**3** ナンシーは体育館で本を読んでいます。

解説 場所を表すことばの問題です。3つの英文は最後の1語だけが異なるので，最後の語を集中して聞き取りましょう。イラストからlibrary「図書館」の**1**を選びます。

No. 21　解答　2

1 Jack can sing very well.	**1** ジャックはとても上手に歌えます。
2 Jack can play the piano very well.	**2** ジャックはとても上手にピアノが弾けます。
3 Jack can dance very well.	**3** ジャックはとても上手に踊れます。

解説 男の子が何をしているのかを表す文を選びます。Jack canの後の部分を注意深く聞き取りましょう。can 〜 very wellで「とても上手に〜することができる」という意味になります。

No. 22 解答 3

1 Mr. Smith is a pilot.	1 スミスさんはパイロットです。
2 Mr. Smith is a police officer.	2 スミスさんは警察官です。
3 Mr. Smith is a doctor.	3 スミスさんは医者です。

解説 男性は男の子を診察しているので**3**のdoctor「医者」が正解です。職業を表す名詞は**1**のpilot「パイロット」，**2**のpolice officer「警察官」の他にもnurse「看護師」，teacher「先生」などがよく出ます。

No. 23 解答 2

1 Jim is reading a book on the sofa.	1 ジムはソファーで本を読んでいます。
2 Jim is sleeping on the sofa.	2 ジムはソファーで眠っています。
3 Jim is watching TV on the sofa.	3 ジムはソファーでテレビを見ています。

解説 男性がソファーに腰かけて何をしているのかを考えます。男性は眠っているので**2**が正解です。**1**のread a book「本を読む」と**3**のwatch TV「テレビを見る」もリスニングでよく出る表現なので，慣れておきましょう。また日本語の「ソファー」とsofaの発音の違いにも気をつけましょう。

No. 24 解答 3

1 It's 6:15.	1 6時15分です。
2 It's 6:50.	2 6時50分です。
3 It's 6:55.	3 6時55分です。

解説 fifteen「15」と fifty「50」のように，-teenと-tyのつく数字を聞き分けることが重要です。よく聞き比べて違いを把握したら，自分で何度も発音してみましょう。ていねいな音読はリスニング力アップにもつながります。

No. 25 解答 1

1 David likes basketball.	1 デイビッドはバスケットボールが好きです。
2 David likes soccer.	2 デイビッドはサッカーが好きです。
3 David likes baseball.	3 デイビッドは野球が好きです。

解説 スポーツ名を聞き取る問題です。**1**のbasketballと**3**のbaseballをしっかりと聞き分けましょう。この他，golf「ゴルフ」，volleyball「バレーボール」，rugby「ラグビー」なども覚えておくといいでしょう。

筆記試験＆リスニングテスト
解答と解説

問題編 p.61〜70

筆記

1

問題	1	2	3	4	5	6	7	8	9	10	11	12	13	14	15
解答	2	1	3	4	3	3	4	3	1	4	2	3	3	1	4

2

問題	16	17	18	19	20
解答	3	4	1	1	4

3

問題	21	22	23	24	25
解答	3	3	3	2	1

リスニング

第1部

問題	1	2	3	4	5	6	7	8	9	10
解答	2	2	3	1	1	2	1	3	1	3

第2部

問題	11	12	13	14	15
解答	1	3	3	4	3

第3部

問題	16	17	18	19	20	21	22	23	24	25
解答	2	1	1	3	1	2	3	1	2	2

1

(1) 解答 **2**

A「これは私の犬の写真です」
B「わあ，とてもかわいいですね」
1 雨の　　　　　　　2 かわいい
3 用意ができて　　　4 忙しい

解説 it's はit is の短縮形で，it は相手のdog のことです。英語では人間以外のものは基本的にit（複数なら they）と言いかえます。犬にふさわしいことばを選択しましょう。

(2) 解答 **1**

A「オリビアは英語と日本語が話せます」
B「すごい！」
1 話す　　　　　　　2 待つ
3 置く　　　　　　　4 会う

解説 English and Japanese と2つの言語を「〜する」ことができる，と言う場面にふさわしいのは speak「話す」です。「できる」は can，「できない」は can't，または cannot になります。

(3) 解答 **3**

「ウィリアムはときどき彼のおじにEメールを書きます」
1 えんぴつ　　　　　2 消しゴム
3 Eメール　　　　　4 フォーク

解説 「Eメールを書く」は write an e-mail と言います。ハイフンを抜いて email とつづることもあります。mail だけだと手紙のことも含んでしまうので，気をつけましょう。

sometimesは「ときどき」の意味です。

(4)　解答 **4**

A「コーヒーを1杯ください，ミルクは入れて，砂糖は入れないで」

B「はい，どうぞ」

1 川　　　　　　　　　**2** 机

3 木　　　　　　　　　**4** ミルク

解説　coffeeは数えられない名詞ですが，お店で「コーヒー1杯」と注文するときはone coffeeと言います。選択肢からコーヒーに関係のあることばを選びましょう。with ～ but no ...で「～は入れて，でも…は入れない」という意味になります。Here you are.は物を差し出すときの表現です。

(5)　解答 **3**

「メグは，毎週土曜日にテニスのレッスンを受けます」

1 ～である

2 ペンキ[絵の具]を塗る

3 受ける

4 走る

解説　tennis lessonsは「テニスのレッスン」の意味。このことばと結びつく動詞を考えましょう。takeには「取る」以外にもさまざまな意味があり，lessonsと結びつくと「レッスンを受ける」を表します。Saturdaysは「毎週土曜日」のことです。曜日にはonをつけて使うことも覚えておきましょう。

(6)　解答 **3**

A「あなたのお母さんは映画は好きですか，サリー？」

B「はい，好きです。彼女は毎週末に映画を見ます」

1 スケートをする　　　**2** 読む

3 見る　　　　　　　　**4** 必要とする

解説　Bの言うsheはどちらもmy motherのことです。主語がsheなので選択肢はすべてs[またはes]のついた形になっています。moviesと結びつく動詞を考えましょう。

(7)　解答 **4**

「12月は1年の中で12番目の月です」

1 9番目の　　　　　　**2** 10番目の

3 11番目の　　　　　**4** 12番目の

解説　five「5」がfifth「5番目の」になるように，twelve「12」もtwelfth「12番目の」と変化します。月の名前と順序を表す語はよく出題されます。しっかりマスターしておきましょう。

(8)　解答 **3**

「ジルは壁のポスターを見ています」

1 ～に

2 ～から

3 ～の上に，～に接して

4 ～の中に

解説　on the wallで「壁に掛かった，壁にくっついている」という意味です。onは「～の上に」だけでなく，何かに接触している状態に広く使われます。look at ～は「～を見る」という意味です。

(9)　解答 **1**

「アメリアはときどき友だちと自分の家族について話します」

1 話す　　　　　　　　**2** 得る

3 ほほえむ　　　　　　**4** 立つ

解説　about ～は「～について」の意味です。「家族について」何をするのかを考えると，ふさわしいのはtalks「話す」だとわかります。選択肢はすべて，主語のAmeliaに合わせてsがついています。

(10)　解答 **4**

A「日本へようこそ！　よい1日を」

B「あなたも」

1 ～の上に

2 ～といっしょに

3 ～の下に

4 （Welcome to ～ で）～へようこそ

解説　〔Welcome to＋場所〕で「～へようこそ」と相手を歓迎する表現になります。

Have a nice day.「よい1日を」は人と別れるときのあいさつによく使われます。

(11) 解答 2

A「あの橋はどのくらいの長さですか」
B「80メートルです」
1 (量が) たくさんの
2 (How long 〜?で) どのくらいの長さですか
3 きれいな
4 (数が) たくさんの

解説 Bが「80メートル」と答えていることから，Aは橋の長さを聞いているとわかるので，How long 〜?「〜はどのくらい長い?」の形にします。How much「いくら」，How many「いくつ」など，Howはさまざまな質問を作ります。

(12) 解答 3

A「手伝ってくれてありがとう，ベティ」
B「どういたしまして」
1 〜の
2 〜といっしょに
3 (Thank you for 〜 で) 〜をありがとう
4 〜に (時間)，〜で (場所)

解説 「〜をありがとう」は最初に「ありがとう」の部分をThank youで言います。次に何に対して感謝するのかを for 〜 で表します。「手伝ってくれて」という日本語は「あなたの手伝い」と考えてyour helpとなります。helping meとも言えます。

(13) 解答 3

A「日本食は好きですか，ソフィア?」
B「ええ，でも，私の兄[弟]は好きではありません」

解説 BのYesは本来Yes, I do. またはYes, I like it. です。一方，but「しかし」の後の部分ではその反対のことを述べるので，don't like itとなるはずです。主語my brotherに合わせてdoesn'tとし，その後は明らかなので省略しています。

(14) 解答 1

A「パーカーはどこで働いていますか」
B「彼は書店で働いています」
1 どこで **2** いつ
3 何が **4** どちらが

解説 Bの at a bookstore「書店で」がヒントです。Bが「場所」を答えているので，Aは「場所」をたずねていると考えられ，疑問詞Whereが正解です。

(15) 解答 4

「私には2人の姉妹がいます。彼女たちの名前はクミとリョウコです」
1 彼女の **2** 私の
3 あなた (たち) の **4** 彼女[彼]らの

解説 two sistersを受ける代名詞はtheyですが，( ) の直後にnamesがあるので「彼女らの」という意味のTheirが正解になります。

(16) 解答 **3**

母親「ぐっすりおやすみなさい，ケン」
男の子「おやすみなさい」

1 いいえ，違うよ。
2 プールで。
3 おやすみなさい。
4 いい考えだね。

解説 あいさつの表現はよく出題されます。
Sleep well. は「ぐっすりおやすみなさい」の意味で，ふさわしい返答は，Good night. です。

(17) 解答 **4**

男の子「やあ，リリー。何をしているの？」
女の子「雑誌を読んでいるの」

1 これは君のかばん？
2 眠いの？
3 何が好きなの？
4 何をしているの？

解説 女の子は自分が何をしているかを答えています。したがって（　）にはWhat are you doing?「何をしているところですか」を入れると自然な流れになります。

(18) 解答 **1**

女の子「これはあなたの誕生日ケーキよ」
男の子「わあ，すてきだね。ありがとう！」

1 わあ，すてきだね。
2 ここにはないよ。
3 80ドルだよ。
4 6月にだよ。

解説 Here's ～. は Here is ～. の短縮形で，「ここに～があります」と相手に物を手渡すときに使います。誕生日ケーキを差し出された男の子の返答としては，「すてきだね」と感想を述べるのが自然です。

(19) 解答 **1**

女性「ベン，何時ですか」
男性「12時です。お昼を食べましょう」

1 12時です。
2 私です。
3 彼は13歳です。
4 ベッドの下に。

解説 女性がwhat time is it?「何時ですか」と聞いているので，時刻を答えます。時刻は It is［It's］～で表します。～ o'clock は「～時ちょうど」を表します。なお，英語では午後の時刻を言うとき，「14時」などと言わず，2 o'clock か2 p.m. と言うのが一般的です。

(20) 解答 **4**

女の子「あなたの妹さん［お姉さん］は何歳？」
男の子「彼女は5歳だよ」

1 彼女は歌っているよ。
2 彼女は日本の出身だよ。
3 彼女は生徒だよ。
4 彼女は5歳だよ。

解説 How old ～? は「～は何歳ですか」とたずねる表現なので，年齢を答えている**4**が正解です。

(21) 解答 **3**

正しい語順 （**Ms. Goto is our music**) teacher.

解説 「～は…です」は〔～＋be動詞＋…〕の形を使います。主語は Ms. Goto「後藤先生」なので be動詞には is を使います。

(22) 解答 **3**

正しい語順 How (**many friends do you**) have in Canada?

解説 「何人の［いくつの］～」は〔How many＋名詞の複数形〕で表します。その後の部分はふつうの疑問文の語順となります。

(23) 解答 **3**

正しい語順 （**Can I use this**) camera?

解説 「～してもいいですか」と相手に許可を求めるときは，Can I ～? または May I ～? で表します。

(24) 解答 **2**

正しい語順 Emi, please (**come to the station at**) two o'clock.

解説 「～しなさい」という命令は，主語をつけずに動詞の原形で始めます。「～してください」とていねいに頼むときは，動詞の前か文末に please をつけます。また，時刻を言うには at を使います。

(25) 解答 **1**

正しい語順 Our (**city has a large lake**).

解説 have「持っている」は人間以外のものを主語にしても使えます。Our city has ～で「私たちの都市には～がある」を表します。ここでは主語が Our city なので，have は has になっています。なお，There is［are］～「～がある」を使った There is a large lake in our city. も同じ意味を表します。

Listening Test

No. 1　解答 2

Do you study in the library, Sam?
1 No, you don't.
2 Yes, I do.
3 I don't know.

あなたは図書館で勉強するの，サム？
1 ううん，あなたはしないよ。
2 うん，そうだよ。
3 わからないよ。

解説　Do you ～? で聞かれているので，Yes, I do. か No, I don't. で答えます。正解は **2** です。

No. 2　解答 2

I like your bag.
1 I'm sorry.
2 Thank you.
3 Sure.

私はあなたのかばんが好きです。
1 ごめんなさい。
2 ありがとう。
3 もちろんです。

解説　I like your ～.「私はあなたの～が好きです」は，相手の持ち物などをほめるときに使うとても便利な表現です。それに対しては，Thank you. などと応じます。

No. 3　解答 3

Which house is yours?
1 She is studying.
2 At the supermarket.
3 The white one.

どちらの家があなたの？
1 彼女は勉強しているよ。
2 スーパーマーケットでです。
3 白いのだよ。

解説　Which は「どちら（の）」という意味の疑問詞です。「どちらの家があなたのもの？」に対する答えを選びます。この one は「もの」の意味で，前に出てきたことばの代わりに使います。ここでは house をさしています。

No. 4　解答 1

When do you go to the pool?
1 On Sundays.
2 By bike.
3 With my friend.

あなたはいつプールに行くの？
1 毎週日曜日にだよ。
2 自転車でだよ。
3 友だちといっしょにだよ。

解説　最初の語 When を聞き逃さないようにしましょう。「いつ」と聞いているので，時間や曜日などが正解になります。on Sundays で「毎週日曜日に」の意味になります。every Sunday も同じ意味です。

No. 5　解答　1

Do you like ice cream? **1** Yes, I love it. **2** Me, too. **3** It's mine.	アイスクリームは好きですか。 **1** はい，大好きです。 **2** 僕もです。 **3** それは僕のものです。

解説 Do you 〜？と聞かれているので，YesかNoで答えます。ここではYes, I do.のI doを省略しています。love は「大好きだ」の意味です。it は ice cream をさします。

No. 6　解答　2

Is this your book, Nancy? **1** It's great. **2** Yes, it is. **3** In my room.	これは君の本かい，ナンシー？ **1** それはすばらしいです。 **2** はい，そうです。 **3** 私の部屋でです。

解説 Is this 〜？と聞かれているのでYesかNoで答えます。返答の中では，質問文にあるthisをitに言いかえます。

No. 7　解答　1

Don't swim in this river. **1** OK. **2** At my house. **3** I'm swimming.	この川で泳いではいけません。 **1** わかりました。 **2** 僕の家でです。 **3** 僕は泳いでいます。

解説 〔Don't＋動詞の原形〕は「〜してはいけません」と禁止を表す表現です。これに対する応答としてはOK.「わかりました」などと言います。

No. 8　解答　3

Have a nice weekend, Ms. Johnson. **1** She isn't here. **2** Nice to meet you. **3** Thanks. You, too.	よい週末を，ジョンソン先生。 **1** 彼女はここにいません。 **2** はじめまして。 **3** ありがとう。あなたもね。

解説 Have a nice weekend. は「よい週末をお過ごしください」というあいさつです。これに対しては**3**のようにお礼を言って，You, too.「あなたも」とつけ加えるのが適切です。

No. 9　解答　1

Where are you going?
1　To my friend's house.
2　At six o'clock.
3　I go by bus.

どこへ行くの？
1　友だちの家にだよ。
2　6時にだよ。
3　僕はバスで行くよ。

解説　Whereは「どこに[へ]」と場所をたずねることばです。go「行く」は〔to＋場所〕で行き先を表します。2はWhat time「何時」またはWhen「いつ」に対する答え，3はHow「どのようにして」に対する答えになります。

No. 10　解答　3

Can you speak Japanese very well?
1　It's yours.
2　Really.
3　Yes, I can.

君は日本語をとても上手に話せますか。
1　それはあなたのものです。
2　本当です。
3　はい，できます。

解説　Can you ～? は「～することはできますか」とたずねる文なので，Yes, I can. か No, I can't. で答えます。

第2部　🔊124～129　★＝男性，☆＝女性

No. 11　解答　1

★：Where does your brother work, Maria?
☆：He works in Osaka, David.
Question：Who works in Osaka?

★：あなたのお兄さん[弟さん]はどこで働いていますか，マリア？
☆：彼は大阪で働いているのよ，デイビッド。
質問：だれが大阪で働いていますか。

1　マリアの兄[弟]。
2　デイビッドの兄[弟]。
3　マリア。
4　デイビッド。

解説　MariaとDavidという呼びかけに注意しましょう。男性（David）が言っているyour brotherとはMariaのbrotherのことで，女性（Maria）はそれをHeと言いかえています。したがって1が正解です。

No. 12　解答　3

★：Is this watch 70 dollars?
☆：No, it's 80 dollars.
Question：How much is the watch?

★：この時計は70ドルですか。
☆：いいえ，80ドルです。
質問：その時計はいくらですか。

1 60ドル。　　　　　　　　　　**2** 70ドル。
3 80ドル。　　　　　　　　　　**4** 90ドル。

解説　How much ～?は値段をたずねる表現です。会話に出てくるのは**2**の70 dollarsと**3**の80 dollarsの2つです。「70ドルですか」という質問に対してNoと答え，80 dollarsと言っているところを聞き逃さないようにしましょう。

No. 13　解答　3

☆：Are you doing your homework, Jim?
★：No, I'm writing an e-mail to my father. He is in New York.
Question：What is Jim doing?

☆：宿題をしているの，ジム？
★：ううん，お父さんにEメールを書いているんだ。お父さんはニューヨークにいるんだよ。
質問：ジムは何をしていますか。

1 本を読んでいる。
2 ニューヨークに行こうとしている。
3 Eメールを書いている。
4 宿題をしている。

解説　What is ～ doing?は「～は何をしていますか」という意味です。JimはI'm writing an e-mail to my father.と言っているので，**3**が正解です。write an e-mail to ～は「～にEメールを書く」の意味です。

No. 14　解答　4

☆：Do you have a tennis racket, Roy?
★：No, I don't. But I have a soccer ball.
Question：What does Roy have?

☆：あなたはテニスのラケットを持っている，ロイ？
★：いや，持っていないよ。でも，サッカーボールは持っているよ。
質問：ロイは何を持っていますか。

1 バスケットボール。　　　　　　**2** テニスのラケット。
3 バレーボール。　　　　　　　　**4** サッカーボール。

解説　男性（Roy）はNo, I don't. But I have ～「いいえ，持っていません。でも～は持っています」と答えています。But「でも」で始まる文に答えがあります。英語では，文のはじめや終わりに相手の名前の呼びかけをつけることがよくあります。Royのように耳慣れない名前には注意しましょう。

No. 15　解答　**3**

☆ : Do you go to school by bike, Rick?
★ : No, I walk to school.
Question : How does Rick go to school?

☆ : あなたは自転車で学校に通っているの，リック？
★ : いや，歩いて通っているよ。
質問 : リックはどのようにして学校に通っていますか。

1 彼は自転車で学校に通っています。
2 彼は電車で学校に通っています。
3 彼は歩いて学校に通っています。
4 彼はバスで学校に通っています。

解説　by bike は「自転車で」という意味。このように〔by＋乗り物〕で交通手段を表します。質問の How は「どのようにして，どうやって」という意味です。男性（Rick）は I walk to school. と言っているので，**3** が正解です。walk to ～ は「～まで歩く，歩いて～に行く」の意味です。

第3部　◀))130～140

No. 16　解答　**2**

1 Mark likes playing the guitar.
2 Mark likes listening to music.
3 Mark likes writing letters.

1 マークはギターを弾くのが好きです。
2 マークは音楽を聞くのが好きです。
3 マークは手紙を書くのが好きです。

解説　like ～ing は「～するのが好きである」という意味です。イラストには男の子が音楽を聞いているところが描かれています。**2** の listen to ～ は「～を聞く」を意味します。

No. 17　解答　**1**

1 The birds are in the tree.
2 The birds are under the tree.
3 The birds are by the tree.

1 鳥は木にいます。
2 鳥は木の下にいます。
3 鳥は木のそばにいます。

解説　**1**～**3** は in「～の中に」，under「～の下に」，by「～のそばに」以外はまったく同じです。この3つの語に注意して，鳥がいる場所を表す文を選びましょう。

58

No. 18 解答 1

1 Meg watches TV after dinner.
2 Meg reads the newspaper after dinner.
3 Meg does her homework after dinner.

1 メグは夕食後にテレビを見ます。
2 メグは夕食後に新聞を読みます。
3 メグは夕食後に宿題をします。

解説 女の子はテレビを見ているので，それに当たる文を選びます。主語Megに合わせて各文の動詞にはs［またはes］がついていることに気をつけましょう。**3**のdoes her homeworkは「宿題をする」の意味です。

No. 19 解答 3

1 Today is Wednesday.
2 Today is Thursday.
3 Today is Friday.

1 今日は水曜日です。
2 今日は木曜日です。
3 今日は金曜日です。

解説 曜日をきちんと聞き取れるかがポイントです。金曜日はFridayなので，**3**が正解です。曜日を表すには，It's Friday today.のようにitを使った形もよく使われます。

No. 20 解答 1

1 Tom goes to the station by bus.
2 Tom goes to the station by bike.
3 Tom goes to the station by taxi.

1 トムはバスで駅へ行きます。
2 トムは自転車で駅へ行きます。
3 トムはタクシーで駅へ行きます。

解説 聞き取りのポイントは乗り物の名前です。イラストにはバスが描かれているので，by busを聞き逃さないようにしましょう。交通手段を表す〔by＋乗り物〕はよく出題されます。いろいろな乗り物の名前とあわせて覚えておきましょう。

No. 21 解答 2

1 Keiko is washing her hands.
2 Keiko is washing her hair.
3 Keiko is washing her legs.

1 ケイコは手を洗っています。
2 ケイコは髪を洗っています。
3 ケイコは足を洗っています。

解説 女の子が何を洗っているかを聞き取る問題です。髪はhairなので**2**が正解です。

No. 22 解答 3

1 Peter works in a hotel.
2 Peter works in a hospital.
3 Peter works in a flower shop.

1 ピーターはホテルで働いています。
2 ピーターは病院で働いています。
3 ピーターは花屋で働いています。

解説 聞き取りのポイントは男性が働いている場所です。library「図書館」，museum「博物館［美術館］」，post office「郵便局」，restaurant「レストラン」もよく出題されます。つづりと発音に注意して，まとめて覚えておきましょう。

No. 23 解答 **1**

1 Susan is dancing.	**1** スーザンは踊っています。
2 Susan is reading.	**2** スーザンは本を読んでいます。
3 Susan is playing the piano.	**3** スーザンはピアノを弾いています。

解説 選択肢はすべて現在進行形〔be動詞＋〜ing〕が使われていて、「今〜している」という意味です。イラストの女の子は踊っています。動詞に注意して聞き取りましょう。なお、read a book と言わなくても、read だけで「本を読む」の意味になります。

No. 24 解答 **2**

1 Open your book to page 110.	**1** 本の110ページを開きなさい。
2 Open your book to page 140.	**2** 本の140ページを開きなさい。
3 Open your book to page 160.	**3** 本の160ページを開きなさい。

解説 Open 〜 to page ... は「〜の…ページを開きなさい」の意味です。数字を正確に聞き取るようにしましょう。140は one hundred （and） forty と読みます。1,000を表す one thousand も覚えておきましょう。

No. 25 解答 **2**

1 Bill goes to bed at eight every day.	**1** ビルは毎日8時に寝ます。
2 Bill goes to school at eight every day.	**2** ビルは毎日8時に学校へ行きます。
3 Bill goes to the gym at eight every day.	**3** ビルは毎日8時に体育館に行きます。

解説 goes to に続く部分をしっかりと聞き取るようにしましょう。イラストの男の子は学校へ向かっているので **2** が正解です。

MEMO

MEMO